迷わず選べる株主優待ベストセレクション

まんがと図解でわかる

新NISAで得する優待株240

上野広治、www9945、かすみちゃん
とりでみなみ、マルク、ようこりん
MURA　まんが nev

宝島社

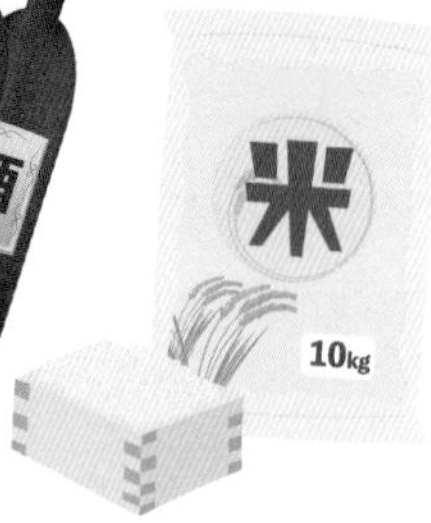

優待を始めよう

株主優待って何?

株主優待とは、自社の株を購入してくれた株主に対して企業が自社商品やサービスなどを贈る制度です。株主優待は日本独特の制度で、上場企業すべてが行っているわけではありませんが、上場企業のうち約1500社が優待制度を導入しています（2023年11月末現在）。優待の中身は、お米や商品券、企業の商品購入やサービス利用ができる優待券など、さらには優待でしか入手できない「限定品」などバラエティ豊かです。優待目的で株式投資をする優待投資家も大勢います。

株主優待でもらえる、利用できる商品・サービス

暮らし

百貨店やスーパーなどで使える商品券、日用雑貨、ファッションや美容、金券、ポイントなど

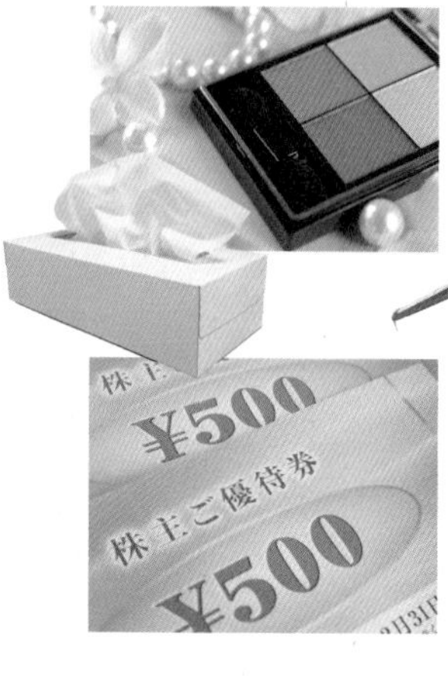

趣味／エンタメ

旅行で利用するホテルや乗り物、遊園地や映画館、コンサート、演劇、ゲームやDVDなど

グルメ／ギフト

お米や食材、飲料などの食料品、カフェやレストランの利用券、カタログギフトなど

新NISAで株主

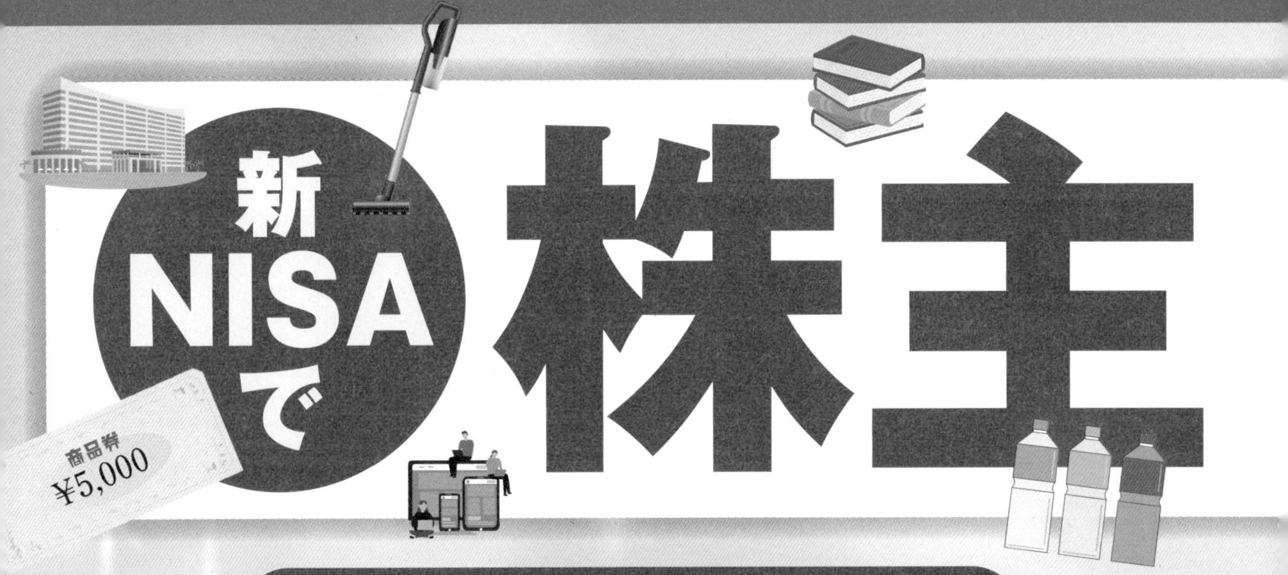

新NISAって何?

株式や投資信託など、購入した金融商品から得られる利益が非課税になる制度です。特に2024年から始まった新NISAの制度では、非課税になる成長投資枠の金額が大幅に増額されました。もちろん、優待がもらえる企業の株式にも、年間240万円まで非課税で投資できます。

NISA口座と通常の口座で株式を買ったときの違い

	株主優待	税金
通常の証券口座（一般口座・特定口座）	もらえる	約20%引かれる
NISA口座（成長投資枠 年間240万円）	もらえる	非課税

※優待がもらえるのは優待制度のある企業の株式を一定条件以上買った場合のみ

新NISAで株主優待を始めよう

株主優待でもらえる商品・使えるサービス

株主優待で実際に企業からどんな商品やサービスの提供が受けられるのか、
具体例を紹介。各優待の詳しい内容や条件などの詳細は62ページ以降をご覧ください。

飲料・食料品

ダイドーグループHD

（東証プライム
2590）

200株で6,000円相当の
自社グループ商品の詰め合わせ

レジャー・旅行

サムティ

（東証プライム
3244）

自社グループのホテル宿泊
無料チケット（1泊1名）

レジャー・旅行

リソルHD

（東証プライム
5261）

100株以上で株主カード1枚と
枚数に応じたRESOL
ファミリー商品券

スポーツ

ルネサンス
（東証プライム
2378）

グループ施設で使える
株主優待券

ショッピング

ヤマダHD
（東証プライム
9831）

グループ店舗で使える
優待買物割引券

ショッピング

ヴィレッジヴァンガードコーポレーション
（東証スタンダード
2769）

グループ各店舗で
利用可能な割引券

ここで紹介している優待内容は概略のみです。優待内容、優待条件などの詳しい情報は62ページ以降をご覧ください。
また、写真は優待商品そのものでなく、イメージ写真のものもあります。

グルメ

日本マクドナルドHD

（東証スタンダード
2702）

マクドナルドの優待食事券

（バーガー類、サイドメニュー、
ドリンクの商品引換券が
6枚ずつで1冊）

グルメ

東和フードサービス

（東証スタンダード
3329）

椿屋珈琲 銀座新館

グループ店舗で使える
優待食事割引券

グルメ

すかいらーくHD

（東証プライム
3197）

グループ店舗で使える
優待食事割引カード

エンタメ

サイバーエージェント

（東証プライム
4751）

「ABEMAプレミアム」
利用料無料クーポン

ファッション

コラントッテ
（東証グロース 7792）

ECサイトで利用できる割引クーポン、カタログ掲載商品の割引購入など

ショッピング

はるやまHD
（東証スタンダード 7416）

「はるやま」などグループ店舗で使える割引券など

美容・健康

ナック
（東証プライム 9788）

同社ブランド化粧品

美容・健康

マンダム
（東証プライム 4917）

自社製品の詰め合わせ

ここで紹介している優待内容は概略のみです。優待内容、優待条件などの詳しい情報は62ページ以降をご覧ください。
また、写真は優待商品そのものでなく、イメージ写真のものもあります。

Interview

一生続けたい！株主優待の魅力

内外装工事業を営む傍ら、実に年間700以上の株主優待が届き、生活のほとんどを優待で賄うという上野広治さんに、優待投資の魅力を語っていただきました。

上野広治
うえの こうじ

家族優待投資家。15年前に株式投資を始め、暴落時に買い集めるバフェット的手法で資産を拡大。しかし7年前、有名な優待投資家の桐谷広人氏との出会いをきっかけに優待投資に切り替え。今では家族が喜ぶ優待銘柄を中心に投資を続け、保有銘柄数は270にも及ぶ。

撮影：海老澤芳辰

初めて買った5銘柄

私が初めて株式投資を始めたのは15年程前、リーマンショックが起きた2008年9月から半年ほど経った2009年3月でした。

当時は、日経平均が7000円台にまで暴落していた時期でした。また、ネット証券なども増え、株式投資やFXへの注目が集まり始めている時期でもありました。

そこで私は株式投資の勉強を始め、投資資金350万円を用意して、任天堂（7974）、ソニー（現ソニーグループ／6758）、住友商事（8053）、三菱商事（8058）、松下電器（現パナソニックHD／6752）の5銘柄を購入し、投資デビューを果たします。

当時、投資ビギナーの私がこれらの銘柄を選んだ理由は、「日本を代表する大企業」「好きな会社」「配当金が出る」というものでした。

日経平均が底をついていたわけですから、結果的には株を始めるには絶好のタイミングでした。任天堂は利益確定売りをしましたが、残りの4銘柄は今なお保有し続け、パナソニックは若干の含み益ですが、住友商事の株価は4倍、ソニー・三菱商事は7～8倍にもなっています。

また、三菱商事と住友商事は2020年8月に投資の神様バフェットが日本5大商社株を大量保有していることで話題とな

優待で入手したシャンプー、コンディショナーとサイダー

飲食店などで使える優待券などは、「優待カバン」に入れて管理・持ち歩いている

家の中には所狭しと優待品が積まれている

りましたが、当時から配当利回りも高く、15年間保有し続けた今、投資元本を配当金（税引き前）だけですでに回収しています。株式投資を始めた当時の私の目に狂いはありませんでした。

その後もさまざまな銘柄を買い進め、アベノミクスの波に乗ることもでき、順調に株式投資で資産を増やしていきましたが、次第に株主優待銘柄を扱う企業を中心に銘柄選びをするようになっていきます。

きっかけは有名な優待投資家である桐谷広人さんとの出会いでした。

開示情報でオリエンタルランドを爆買い！

桐谷さんを初めて知ったのは２０１６年頃、優待を使い切るために自転車で奔走されている姿をテレビ番組で見て、衝撃を受けました。もともと自転車移動が好きな私は、その姿に勝手ながら親しみを感じ、桐谷さんのように株主優待生活がしたいと思い、株主優待銘柄を中心に買い集めるようになったのです。

優待投資を始めたもう1つのきっかけは、オリエンタルランド（４６６１）の適時開示情報でした。その内容は２０１８年９月末から２０２３年９月末までの５年間、１００株以上継続保有すれば、株主用パスポートがもらえる通常の優待に加え、追加で４枚配布されるというものでした。

最近では長期継続保有特典として優待を拡充する企業も増えていますが、当時、５年もの長期保有優遇特典を導入している企業は多くありませんでした。

圧倒的な競争優位性を持つ企業であり、株主になると家族で楽しい時間を優待で過ごせるということも魅力的に感じていた同社株を、

家族の外食も優待をフル活用。なるべくきっちり使い切り、追加の現金は50円以下に抑えるのがモットー。

DeNAの株主優待でバスケットボールの試合を観戦

このとき長期優待投資しようと決めたのです。

今では株価も2倍以上となり、我が家では配当金と株主優待パスポートで東京ディズニーランドを家族で毎年お得に楽しむことができています。

株主優待銘柄の長期保有による成功体験があったおかげですっかり優待投資に目覚めてしまったのです。

飲食店銘柄は海外進出企業を狙え！

株式投資は元本割れのリスクのある投資ですが、私は株主優待銘柄の分散投資による長期保有でリスクを分散し、優待と配当を継続的にいただく投資スタイルです。株主優待制度を導入しているかどうかは、今では大きな投資判断基準の1つです。

2024年から始まった新NISA制度の成長投資枠で株主優待

銘柄を保有するのであれば、配当金のある株主優待銘柄から選定すると良いと思います。

新NISAは長期保有が前提となる非課税制度ですので、継続保有期間1年以上や3年以上保有株主を対象に株主優待を配布する銘柄や、長期保有株主を優遇してくれる株主優待銘柄も非常に相性が良いと思います。

銘柄を探す方法ですが、企業HPの優待情報や日々発表される株主優待に関する適時開示情報を確認し、まず優待内容が我が家にとってメリットがあるものかどうかを精査します。

そして、過去のチャートや業績、優待利回り、配当利回り、PER（株価収益率）、PBR（株価純資産倍率）、成長余地などの確認を進め、割安と判断できれば購入します。一概には言えませんが、例えば、PER15倍未満、PBR1倍未満なら現株価の水準は割安といったことを客観的に確認することができます。

配当と優待の総合利回りについては、桐谷さんは4％以上を目安と公言されていますが、投資に関する考え方は人それぞれです。私は今まで積み上げてきた投資経験を基に、今後成長する可能性を感じる企業にも投資しています。

例えば、株主優待制度を導入している企業の中には飲食店を運営している企業も多いのですが、国内シェアの奪い合いでは成長余地は想像できますし、今後人口が減少していくことを考えると積極的に海外展開を図っている企業は魅力的に感じます。

具体的には、「丸亀製麺」を展開しているトリドールHD（3397）や「一風堂」を展開している力の源HD（3561）などがありますが、最近注目しているのは2023年にIPO（新規公開株式）を果たした魅力屋（5891）です。

現在は国内出店を加速させているフェーズですが、今後海外出店準備を検討していくとIR（投資家向け広報）で表明しています。新規上場したばかりの会社は優待制度をほとんど導入していません。しかし飲食店を展開している企業は将来的に優待制度を導入することが多く、魅力屋もいずれは海外展開をし、優待導入するものと期待して保有しています。

実は私は、優待銘柄のほかにこうしたIPO銘柄にも注目しているのですが、それによって将来的な優待銘柄予備軍を見つけ出すこともできているのです。

上野さんの優待ポイント

配当のある優待銘柄で新NISA成長投資枠をフル活用

優待銘柄で分散投資をしてリスクを分散

何より家族で楽しめる優待を選ぶ!

優待投資は息子の金融教育に役立つ

現在保有している銘柄は270程

株主優待の魅力をより多くの人に伝えていきたいですね

で、そのうち株主優待銘柄は１８０程になります。ＱＵＯカードやカタログギフト、トイレタリー製品や食料品などもたくさん届きます。

我が家は共働きのため、休日は外食にして家事を軽減し、優待使用可能店舗の物販店や娯楽施設へ遊びに行くなど家族との楽しい時間を過ごすことに株主優待をお得に活用しています。

先日、テレビ番組にて自転車で町へ出て家族で優待を使う一日を密着していただき、その様子が放送されました。

飲食店で食事をする際に精算が優待券の額面から50円以内に納まるように注文しているのですが、小学生の息子が計算機を取り出して計算してくれます。

それを優待に自由を縛られてセコいという考え方もあるかもしれませんが、優待をどう使うかは自由ですから、ミッションを楽しむように優待をお得に使用して家族が満足できているので、それでいいと思っています。

よく日本は金融リテラシーが低いと言われています。ようやく２０２２年４月から高等学校で金融教育がスタートしたようですが、充分ではありません。

そこで、私は株主優待消費に家族を巻き込み、息子に株主優待を通じて幼少期から株式投資に触れる機会を増やすことで、投資を身近な存在として感じてもらい、知識と経験を深く掘り下げることに繋がればと考えて取り組んでいます。

お年玉などでいただいた息子のお金は、玩具や学習教材を優待でいただくことのできるハピネット（７５５２）、タカラトミー（７８６７）、学研ＨＤ（９４７０）などの子供向け優待銘柄の購入資金に充てました。

もちろん、息子から預かっているお金ですから、息子には株を購入する説明をして了承得てからジュニアＮＩＳＡ（旧ＮＩＳＡ）で購入していました。

今では、息子が株主優待はお金を使わない便利な制度として理解していますし、配当金やＩＰＯといった日常飛び交う言葉も覚えながら、株主優待が届くのを楽しみに待っています。

このように、早期の金融教育に繋げながら、今後も優待投資を続けていくことで、家族の生活を豊かにしながら、将来的な資産のさらなる構築も着実に進めていきたいと思っています。

こうした株主優待生活の楽しさを多くの人と分かち合うため『優待ソムリエ』の商標登録を済ませ、現在、『優待ソムリエ』資格制度の構想を練っています。

民間資格の中では今、『温泉ソムリエ』や『野菜ソムリエ』などが有名です。

『優待ソムリエ』の資格制度を設けて、資格を取得した人がまたさらに他の人に『優待ソムリエ』として優待の楽しさを広げていけるような仕組みを構築できたら面白いなと思っています。

始めるなら
今がチャンス!

株主優待がお得な理由

バブル以来の株価上昇、企業の株主重視の姿勢への変化、新NISAの導入等々、株主優待狙いの投資でも十分お得かつ儲かる市場の環境が整いつつある

日経平均バブル以来の高値で投資熱が再燃

今、株主優待を行っている企業の株式、いわゆる「優待株」を買うことで、生活の質が向上する条件が整いつつあります。

つまり、まず株式投資で株式の値上がり益を得て、さらには優待株でほしい商品やサービスを手にするという、二重の恩恵が受けられるからです。

その背景を見てみると、まず株価に関しては、日経平均株価が２０２４年３月に４万円の大台を超え、１９８９年のバブル時に付けた３万８９５７円の高値を実に35年ぶりに更新しました。この株価上昇によって大きな利益を得た個人投資家も多いことでしょう。このまま株価が上昇を続けていけば、「安いときに買って、高いときに売る」という株式の基本的な売買によって、利益を得ることができます。

インフレに対して優待が家計の助けに

株高の背景には、世界的なインフレもあります。物価が上昇すると、それにつれて株価も上昇するためです。

しかし物価の上昇は、一方で家計を圧迫します。節約して、買いたいものも我慢しているという家庭も少なくないでしょう。

しかしそんなとき、優待株を買っていれば、必要な商品・サービスや、ほしくても買えなかったものを手に入れることができます。約１５００社の企業の優待株の中には、食料品や日用品もあれば、レジャーや旅行で使える割引券、その企業の商品の限定品など、さまざまな特典が含まれているからです。

おりしも東京証券取引所では市場の再編が行われ、企業の上場や市場の変更に際しては、株主重視の姿勢が重要な要件とな

図1　日経平均株価の推移

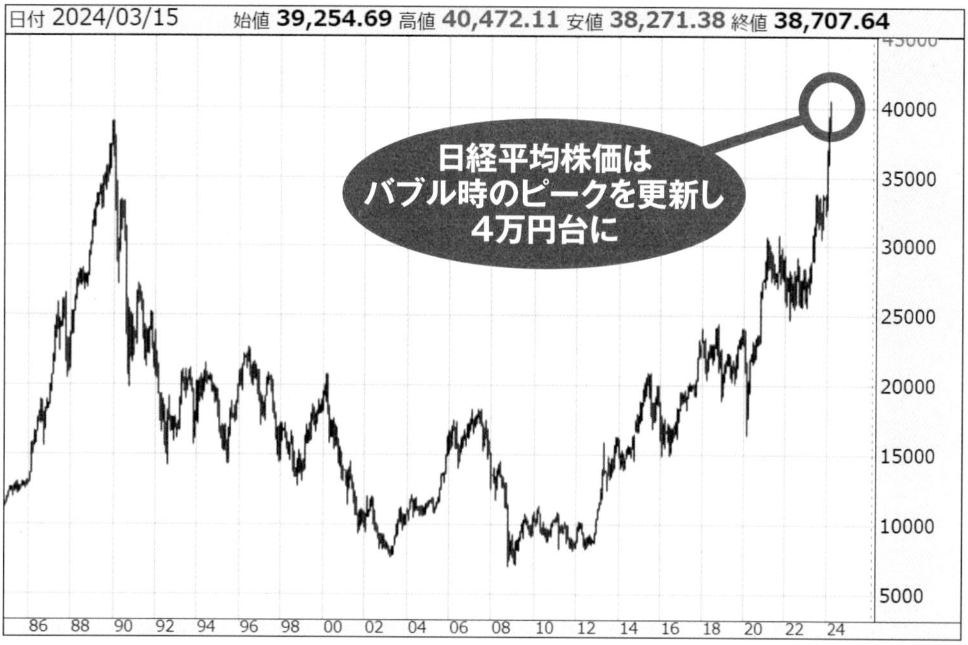

出典：「株探」（https://kabutan.jp/）

図2　年々増え続ける配当金

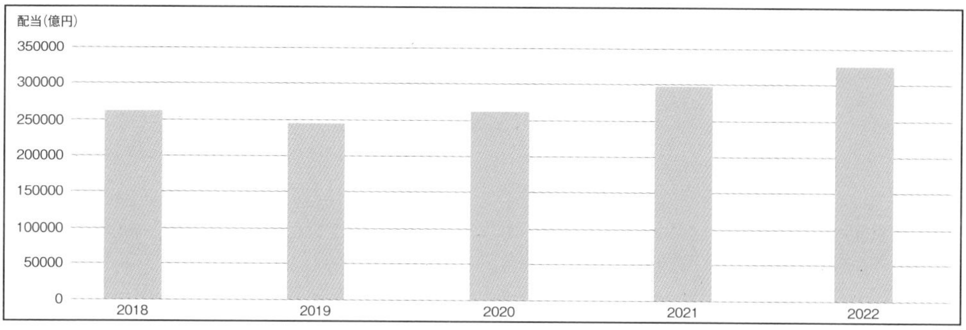

りました。そのため、株主が投資した資金を有効に活用して利益を上げ、その利益を配当金や株主優待の形で株主に還元する企業も増えています。

実際、企業が株主に対して行う配当金の額も、ここ数年増え続けています。

企業も株主重視の姿勢を強めてきた

株主重視の経営は欧米では当たり前のものでしたが、日本でもこの姿勢は今後さらに強化され、株主にとっては有利な状況が続いていくことでしょう。

さらに２０２４年からは新ＮＩＳＡ制度が導入され、株式投資で得た利益が非課税になる金額の上限も上がりました。最大１２００万円（投資金額／成長投資枠）で、新ＮＩＳＡの導入が今後の投資熱の高まりに拍車をかけることは間違いありません。

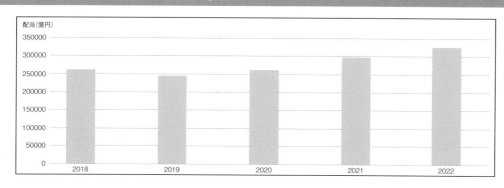

株主優待ゲットまでの流れ

ここまで見てきて株主優待に興味がわいたが、まだ証券口座を持っていない読者のために、
株主優待を獲得するまでの流れをざっと紹介します。

❶証券会社に口座を開く

優待株を買うには、まず証券会社の口座が必要です。
口座開設の際には、NISA口座も開設しましょう。

❷優待株を購入する

上場企業の約半数は株主優待制度を行っていませんので、
優待を行っている約1500社の企業の中から優待株を選んで買いましょう。

❸権利付き最終日まで売らずに保有

権利付き最終日（38ページ参照）まで優待株を保有していなければ、
優待を受ける権利が発生しませんので、事前に売らないよう注意。

❹優待ゲット!!

優待が送られてきますので、それを使って株主気分を満喫しましょう。
なお、権利付き最終日は次の決算まで（半年後または1年後）までやってきませんので、
権利確定日後に売って他の優待に買い替えるのもいいでしょう。

まずは証券会社のウェブサイトを開く

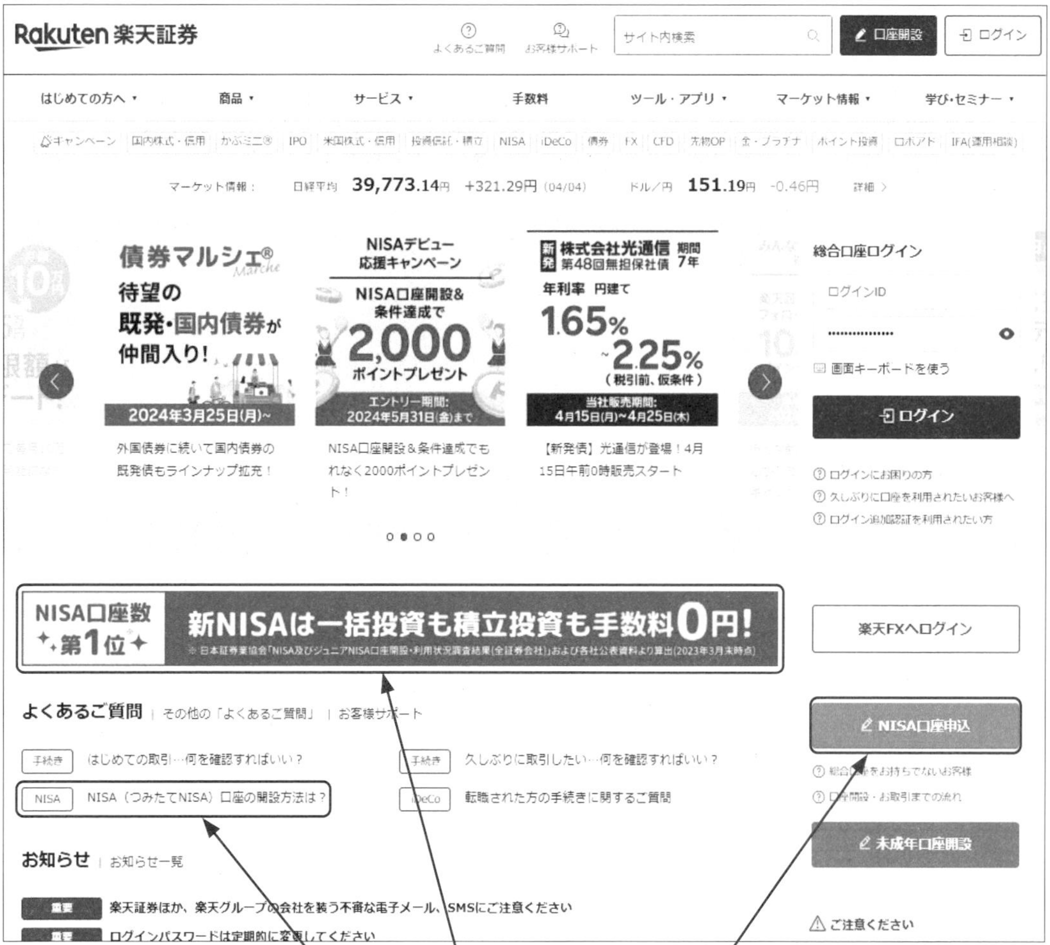

楽天証券のホームページ
（2024年3月末現在）

すぐにNISA口座が
開設できるよう
準備されている

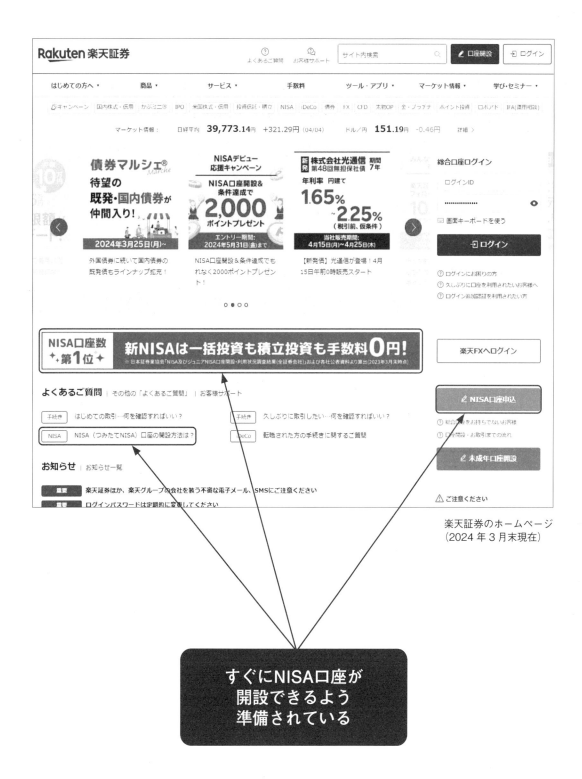

まんがと図解でわかる　新ＮＩＳＡで得する優待株２４０

目次

Chapter 2

※本書で紹介しているデータや情報は特別な表記がない限り、2024年3月末現在のものです。本書は株式投資に役立つ情報を掲載していますが、あらゆる意思決定、最終判断は、ご自身の責任において行われますようお願いいたします。ご自身の株式投資で損害が発生した場合、株式会社宝島社および著者、本書制作にご協力いただいた企業・スタッフは一切、責任を負いません。また、本書の内容については正確を期すよう万全の努力を払っていますが、2024年3月末以降に相場状況が大きく変化した場合、その変化は反映されていません。ご了承ください。

Chapter 1

株主優待って、どんなもの?

マンガで丸わかり! 株主優待の世界へようこそ

さて
今回の
内容ですが…
キラーン
新NISA
新しく
新NISA制度
が始まり
新しく株式投資を
始める人たちが
沢山いると思います
ですね！
そういった
方々のために
日本独特の制度
である
株主優待がある
銘柄への
投資の魅力と
新NISA用の
ノウハウを
私たちが
ご紹介します！

新NISAの話

新NISAとは!?
新NISAの制度は国民の投資による資産形成を促す目的で
2024年からスタートした画期的な制度です！
非課税保有期間も撤廃されて
非課税保有期間無期限化
本当に真の意味での長期保有を想定した制度設計になっています

唯一
難点があるとするならば…
んー
損失が出ている状態で売却したときに
(新NISAの枠ではない株式投資で利益が出た場合との)
損益通算ができないことぐらいかな
でも それも
相場が良くなり
買い値より株価が高くなるまで
長く保有し続けていればいいという話!
インフレも味方になるよね

株主優待がある銘柄は「売却したら優待がもらえなくなる」ということから
売却を躊躇しがち
優待銘柄
優待
優待券
優待LOVE…!
これが長期投資に向いているのです!
含み損があっても
いずれ株価が騰がると信じてじっと待つことができる!
石の上でも
待てる!!
優待LOVE
ですね!

優待株の魅力

たとえば
こんな優待
JMホールディングス（3539）
関東地盤で「肉のハナマサ」「生鮮館」「スーパーみらべる」などのスーパーを展開する会社
100株（約26万円）で2500円分のお肉が届きます
国産若鶏
むね肉
ポークウインナー
株式会社JMホールディングス
もともと格安スーパーなので
2500円分といってもすごい量です！
サーロインステーキも
ソーセージがパリパリで美味でした

SBIグローバルアセットマネジメント（4765）運用受託会社 100株（約7万5000円）で仮想通貨（暗号資産）のリップル（XRP）2500円相当と
株式新聞Web版無料購読クーポン（2万6400円相当）がもらえて超お得！
優待利回りは驚異の30％超え！
30％
そもそも株式新聞を読まない人には無意味じゃ？

優待ミニマムの法則

株式投資の世界では配当金と優待品を金額換算した合計を「総合利回り」といいます
配当金
優待品
優待
当然この「総合利回り」が高いほうがお得ですよね

配当金は保有する株式数に応じて支払われます
言い換えるとたくさん株を持つ投資家ほどたくさんもらえます
¥
株

しかし
株主優待は
多くの場合
株
株
優待
優待
たくさん株を
持つ投資家と
単元株しか保有しない
投資家と同じものに
なります
つまり
投資資金が少なく
単元株だけしか買えない
個人投資家のほうが
「総合利回り」が
高くなる現象が
発生します

私はこれを
「優待ミニマムの法則」と
呼んでいます
優待ミニマムの法則
この点も
投資資金が決して
多くない個人投資家が
優待株投資をする
大きなメリットに
なりますね！

優待廃止にどう立ち向かうか？

優待廃止になると株価が大きく下がることもあります
優待廃止の理由は大きく2つ
一つは業績の悪化
もう一つは株主還元方針の変更
あああ…
方針
Change

前者は売却したほうが良いですが
後者は増配や自社株買いとセットになることが多く
結果株価が騰がることもあります

私は優待がなくても
十分投資できる企業を選んで投資をしています
なので優待廃止になっても基本的に狼狽はしません
大事なのは業績をしっかり見ること！
14 15 16 17 18 19 20
計算書
金額
しかし初心者が財務諸表を分析したりするのはハードルが高い
初
そこで株主として優待を使うときに
リアルな店舗の様子を見ることが大切なんです

ウォーレン・バフェットと並び称される「投資の神様」ピーター・リンチ※も
デスクワークしている証券マンよりも一般消費者のほうが情報が早いと言っています
私も街角を見ていて得られる情報を一番大事にしています
古い店がつぶれて新しい店舗になったとか
すいているとか
行列ができているとか
いつも池袋を散策しています

※ピーター・リンチ：マゼラン・ファンドのファンドマネージャーとして１９７７年から１９９０年の間に平均29・2％の年間リターンを達成したレジェンド。「テンバガー」など彼が産んだ名言は数知れず。

長期で保有することのさらなる魅力

こうして長期に優待銘柄を持つとご褒美をくれる企業もあるんです
嬉しいですよね
ルックホールディングス（8029）
婦人衣料 生活雑貨の輸入販売
LOOK HOLDINGS INC.
IL BISONTE
LAISSÉ PASSÉ
Début de Fiore
marimekko
SCAPA
repetto
A.P.C.
マリメッコなどのブランド展開
100株(約25万円)で 4000円分の優待が 3年以上保有で 5000円にUP！

LOOK
HOLDINGS INC.
さらに「Merimekko」「IL BISONTE」「A.P.C.」が入った
メッコ)
1万円相当のお得なお楽しみ詰め合わせパックも選択可能！
CLAUS PORTO（クラウス ポルト）
ほー！これは豪華だ！

ケーズホールディングス（8282）やビックカメラ（3048）
エディオン（2730）などの家電量販店も
長期で保有すると優待金額が増加！
冷蔵庫・洗濯機・家事・掃除機
お買得！冷蔵庫
⇒こちらをクリック！お買い得冷蔵庫
特にエディオンはオンラインショップでも利用可能なので
近くに店舗がなくても使える利点があるんです
便利!!

さあ
ようこそ
魅惑の株主優待の
世界へ…！

一目でわかる!

配当・株主優待 権利確定日カレンダー

株主優待や配当をもらう権利を得るためには、権利落ち最終日までに 優待株を必要数購入していなければなりません。忘れないように、カレンダーでチェックしておきましょう。

2024年4月

日	月	火	水	木	金	土
31	1	2	3	4	5	6
7	8	9	10	11	12	13
14	15	16	17	18	19	20
21	22	23	24	25 権利付き 最終日	26 権利 落ち日	27
28	29 昭和の日 (休日)	30 権利 確定日	1	2	3	4

2024年5月

19	20	21	22	23	24	25
26	27	28	29 権利付き 最終日	30 権利 落ち日	31 権利 確定日	1

2024年6月

16	17	18	19	20	21	22
23	24	25	26 権利付き 最終日	27 権利 落ち日	28 権利 確定日	29
30	1	2	3	4	5	6

2024年7月

28	29 権利付き 最終日	30 権利 落ち日	31 権利 確定日	1	2	3

2024年8月

25	26	27	28 権利付き 最終日	29 権利 落ち日	30 権利 確定日	31

2024年9月

22	23	24	25	26 権利付き 最終日	27 権利 落ち日	28
29	30 権利 確定日	1	2	3	4	5

2024年10月

27	28	29 権利付き 最終日	30 権利 落ち日	31 権利 確定日	1	2

2024年11月

24	25	26	27 権利付き 最終日	28 権利 落ち日	29 権利 確定日	30

2024年12月

22	23	24	25	26 権利付き 最終日	27 権利 落ち日	28
29	30 権利 確定日	31	1	2	3	4

これだけ知っていれば十分!

株主優待の仕組み

そもそも株主優待はどうやったら手に入れることができるのか？自分が欲しい優待はどうやって探せばいいのか？などなど、株主優待に関する「基本のき」からお教えします。

株式投資で得られる3つの利益

株式投資で得られる利益には、①株の売買によって得られる利益、②配当金、③株主優待の３つがあります。

このうち①と②はお金をもらう形になりますが、株主優待はその企業の商品やサービスなどの形で提供されます。

つまり株主優待とは、企業が自社の株を購入してくれた株主に対して行うプレゼントのようなものです。

お金を増やすという楽しみとは別に、さまざまな商品を手に入れたり、サービスを利用することができます。そのため、これらの優待を楽しみに株式投資をしている人も大勢います。

一方、会社側も、株主優待を提供することで、自社の商品やサービスのことを知ってもらう良い機会になりますし、優待を通じてその企業のファンになってもらうことで、投資家に長くその企業の株主でい続けてもらうことも期待できます。

最近では、こうした安定株主を増やすために、長期間その企業の株を保有し続けている株主に対して、特別に優待の内容をアップグレードする企業も増えています。

優待株を買うときは業績もチェックしよう

株主優待投資は、配当で得られる利益（これをインカムゲインといいます）を目的とする高配当投資と同様、初心者でも比較的入りやすい投資方法といえるでしょう。

株の売買益（これをキャピタルゲインといいます）を目的とする投資の場合は、企業の業績や市場全体の状況、為替や国際政治の動きなどにも注意を払わなければいけないので、利益を上げるためには相応の知識や経験が必要となります。

しかし、優待投資の場合、自分が欲しいと思う優待を目的に企業の株を買うわけですから、銘柄選びにあまり迷うこともありません。

上場企業約４０００社のうち、株主優待を行っている企業は約１５００社ですので（２０２３年11月末現在）、選ぶ企業の数も自然に絞られてきます。

もちろん優待を行っているからといって、業績が悪化して株価そのものが下がってしまったら、損をすることになってしまいます。

図3 株式投資で得られる3つの利益

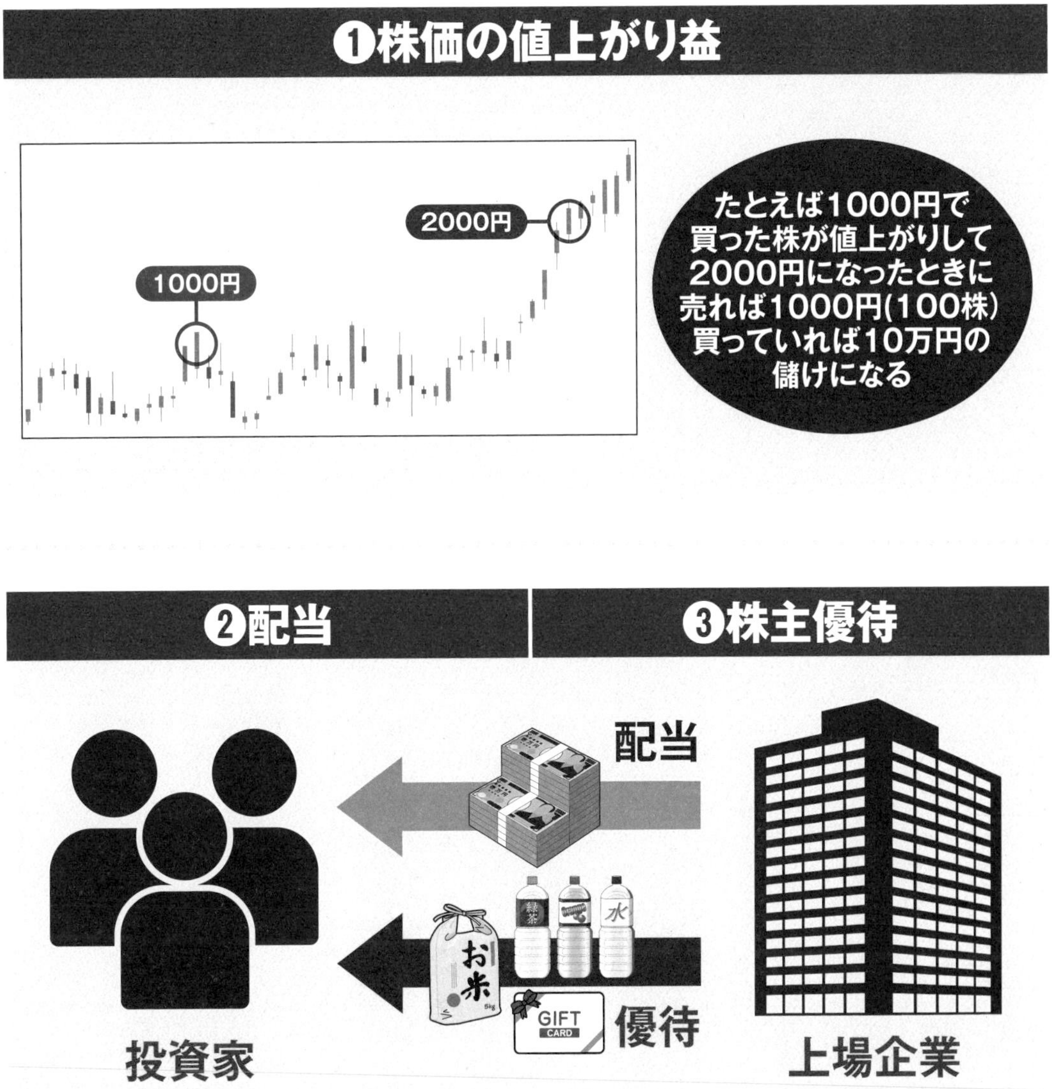

たとえば、ある企業の株を１００株購入して３０００円分の商品券をもらったとします。しかし、その株価が50円下がったら１００株で５０００円のマイナスになってしまいます。つまり、実質的に２０００円の損をしてしまうという結果になるわけです。

そのため、優待目的で投資を行う場合でも、企業の業績、つまり儲かっているか（利益を上げているか）、大きな負債（借金）やトラブルなどを抱えていないか、くらいは見ておいたほうがいいでしょう。

企業側からすれば株主優待を提供することはそれなりに企業としての「体力」を必要としますから、株主優待制度を導入している企業の多くはある程度体力があり、業績も安定していると考えることもできます。実際、上場したばかりでまだ経営が安定していない企業の中には、優待制度を取り入れていない企業が多いです。
ただし、実際は「体力」がないのに、株主が離れないよう、無理に優待を続けている企業も稀にあります。そういう企業は突然、優待制度そのものをやめたりすることもありますので、優待目的で株を買ったら、優待はなくなるし、株価は下がって損するしで、ハシゴを外されたような結果になりかねません。業績にも注目したほうがいいという理由はそこにもあります。
こうした点を踏まえた上で、では実際にどうやって優待株を選んでいくかという方法を説明していきましょう。

まずは口座を開設 NISA口座は必須

優待や配当狙いでも、キャピタルゲイン狙いの投資でも、株式を購入する場合には、まず証券会社に口座を開く必要があります。ネット証券などを利用すれば、インターネット経由で簡単に口座を開くことができます。
証券口座を開く際には、合わせてNISA口座を開設することをお勧めします。本書でも紹介しているように、NISA口座を使えばそこから得た売買益や配当にかかる税金が非課税になるからです。
優待は優待として受け取るとして、株価も上昇して利益を得られるのであれば2倍お得になるというわけです。
その際、もしNISA口座を利用しないと、利益が出ても約20％の税金が引かれてしまいますが、NISA口座を使っていれば、その20％の税金が引かれることはありません。
NISAの内容については左ページの図4をご参照ください。
NISAには、「つみたて投資枠」と「成長投資枠」という2つの枠があります。そのうちつみたて投資枠のほうは長期の積立投資を目的としたもので、買える商品は投資信託やETF（上場投資信託）などが主になり、この枠で個別株を購入することはできません。
株主優待は個別株を買わなければ受けることができませんので、優待狙いの投資を行う場合は、このつみたて投資枠は関係ないということになります。
株主優待を目的とした投資を行う場合、利用するのはもう1つの「成長投資枠」のほうになります。成長投資枠では、1年間で２４０万円まで非課税で投資できます。
たとえば投資した２４０万円が2倍の４８０万円になった場合、２４０万円の利益が得られるわけですが、NISA口座を使っていなかったら、その２４０万円のうち20％の48万円が税金として引かれてしまいます。
しかし、NISA口座を使っていれば、税金が引かれないため、２４０万円がまるまる手にできるというわけです（ただし、手数料などは除く）。
このように、具体的な数値をあげると、NISA口座がいかにお得かということがおわかりいただけると思います。

権利付き最終日を覚えておこう

次に優待株を買う際のポイントと注意点について説明します。
まず優待株の探し方ですが、企業のウェブサイトにある投資家情報（IRのページ）を見れば優待の有無や、優待内容がわかります。
しかし1社1社企業のウェブサイトを検索していくのは大変な作業なので、検索サイトで検索すれば、株主優待を一覧で載せているサイトがたくさんあり

図4 新NISAの概要

対象者	日本に住んでいる18歳以上の人（口座を開設する年の1月1日時点）	
口座開設期間	いつでも可	
非課税保有期間	無期限	
制度の併用	NISA制度内で2つの枠を併用可能	
	つみたて投資枠	成長投資枠
投資対象商品	積立・分散投資に適した一定の投資信託	上場株式・投資信託など（高レバレッジ型および毎月配分型の投資信託などを除く）
買付方法	積立投資のみ	通常の買付・積立投資
年間投資枠	120万円	240万円
非課税保有限度額	2023年までのNISAとは別枠 1800万円（生涯投資枠） ※売却すると投資枠は翌年以降、再利用可能	
		1200万円（内数）
売却可能時期	いつでも可能	

優待投資で使うのは成長投資枠

ます。証券会社のウェブサイトなどでも株主優待を企業名や優待内容から検索できます。

狙い目の優待株が見つかったら、次のポイントはその株を購入するタイミングと株数です。

優待株を買ったからといって、それだけで株主優待を受け取れるわけではありません。優待を受け取るためには、「権利確定日から土日休日を除いた2営業日前」にその優待株を保有している必要があります。

権利確定日とは、株主がその銘柄を保有することで株主優待などの権利を得ることができる確定日のことで、通常は決算月の末日になります。

図5のように月末が土日になる場合は、その月の平日の最終日になる29日の金曜日が決算日、権利付き最終日は27日（水）となりますので、27日までに優待株を買わなければ、優待を受ける権利が与えられるのは1年後

図5 優待株を買うタイミングと優待がもらえる株数

帝国ホテル(9708)の優待条件

優待内容

1 「帝国ホテル 東京」のほか、クループ施設で使えるホテル利用券
2 「帝国ホテル 東京」「帝国ホテル 大阪」いずれかのご宿泊1泊招待券（1室2名、朝食付）

優待条件

100株以上：	①1,000円
300株以上：	①3,000円
1,000株以上：	①10,000円
2,000株以上：	①25,000円
10,000株以上：	①25,000円+②
[株式継続保有期間5年以上]	
300株以上：	①1,000円追加
1,000株以上：	①5,000円追加
2,000株以上：	①15,000円追加

購入する株数によって優待の内容が変わってくる

さらに長期間その企業の株を保有し続けると、優待内容がさらに充実してくる

になってしまいます。

したがって優待をその年に受けたいのであれば、27日までにその優待株を購入する必要があります。

その際注意しておきたいのは、権利付き最終日というのは優待だけではなく配当の権利も付与される日になるということです。配当や優待を狙って駆け込みでその株を買おうとする人が大勢いた場合、その日に株価が急上昇することがあります。

また優待や配当狙いで株を買う人は、優待や配当が付与される権利だけを得ればいいので、権利付き最終日の翌日（権利落ち日）には株をさっさと売ってしまうことが往々にしてあります。つまり株価は権利付き最終日に上昇し、権利落ち日に下落する傾向があるわけです。

そのため、権利付き最終日ギリギリで株を買うと、高値で買ってしまうことになり、権利落

図6 優待銘柄選びに覚えておきたい指標

配当利回り

$$\text{配当利回り(\%)} = \frac{\text{年間配当金額}}{\text{株価}} \times 100$$

株価に対して支払われる配当金の割合。たとえば株価が1000円で、配当金が年10円の場合、配当利回りは10円÷1000円＝1%になる。高配当株の目安は3〜4%以上。株価が下落すると配当利回りは上昇する。

優待利回り

$$\text{優待利回り(\%)} = \frac{\text{優待品を換算した金額}}{\text{投資額}} \times 100$$

優待株を買った価格に対して、もらえる優待品の換算額の割合。優待銘柄を買うときの目安となる指標で、優待利回りが高いほど還元率が高いので狙い目の優待株と考えられる。

ち日以後の株価の下落によって、損をしてしまうこともあります。

せっかく優待の権利を獲得しても、株価のほうが値下がりして優待の価値以上の損失を出してしまったら元も子もありません。そこで、優待株を買う場合は少し余裕を持って事前に購入しておいたほうがいいでしょう。それも、なるべく株価が低いときに買えればベストです。

優待株数を確認しておく

次に気をつけておきたいのが、優待を受け取る際に必要な株数です。

たとえば、図５下の帝国ホテル（９７０８）の場合、１００株以上３００株未満で１０００円のホテル利用券がもらえます。この場合、１００株買っても２００株買っても、もらえる利用券は１０００円分のみです。

もし効率的に優待を増やしたいのであれば、帝国ホテルの株式は100株のみにして、別の優待株を買う選択もできます。

また、同社のように、長期に保有していると優待の金額が上がるというサービスを導入している企業も最近は増えています。企業側からすれば長期に自社の株を保有してくれる株主を増やすための戦略ともいえますが、長期に株式を保有して配当や優待を得ながら株価の上昇も期待できる長期投資目的の投資家にとっても嬉しい制度です。

帝国ホテルの場合は、5年以上の長期保有で利用券の金額が追加されますが、企業によっては1年や3年くらいの期間保有するだけで優待のグレードが上がるところもあります。そうした保有期間などの優待条件も確認して株式の買い増しや買い替えをすれば、より効率的に優待を獲得することも可能になります。

利回りの見方と高利回りの注意点

最後に優待株を購入する場合の目安となる指標についてです。ここでは基本的な配当利回りと優待利回りについての説明をします。もう少し詳しい指標などを知りたいという方は111ページの用語集をご参照ください。

まず配当利回りは、株価に対して支払われる配当金の割合のことです。たとえば株価が1000円で配当金が10円なら、配当利回りは10円÷1000円×100＝1％になります。100株購入していれば10円×100株で年間1000円の配当が出ます。

一方の優待利回りは、株に投資した金額に対して優待の価値がどのくらいあるのかを、数値化したものです。たとえば、100株で3000円の商品券がもらえる優待株があったとします。その株価を1000円とした場合、優待利回りは3000円÷（1000円×100株）×100＝3％となります。

配当利回りも優待利回りも、だいたい3～4％あれば高利回りといわれています。また、配当、優待ともに利回りが3％であれば、併せて利回りは6％ということになります。

株主優待は日本特有の制度ですが、これも金額換算して配当と考えた場合、6％の高配当企業はなかなか見つかりません。株主還元に積極的な米国の企業でも、配当利回り6％以上という企業は100社程度です。

したがって指標を元に優待株を探す場合は、まずは投資した金額に対してどのくらいの価値の優待をもらえるのかという優待利回りを、配当利回りと併せて見ると良いでしょう。

ただし優待利回りは、商品券のような金額換算できるものは計算できますが、サービスなど金額換算できない優待の場合は算出できない場合もあります。

また、利回りが高いことは優待や配当を目的にしている投資家にとっては良いことですが、なぜ利回りが高いのか、という点にも注意することがあります。

図6の計算式のように、分母の株価が安ければ、利回りは高くなります。もし株安の原因が業績の悪化によるものなら、さらに株価が下落して、配当や優待などのインカムゲインを受け取っても、キャピタルゲインで損失を出す可能性があります。

また、業績の悪化した企業は、優待を廃止（もしくは内容を変更）したり、配当を減らす（減配）もしくはやめる（無配）という選択をすることもあります。

利回りを見ながら、併せて企業の業績を確認するのは、損失のリスクを回避するためでもあるのです。

Chapter 2

優待投資家が厳選!
ライフスタイル別

新NISAで狙う優待株はこれだ!

ライフスタイル別 優待株ポートフォリオ

SNSなどで有名な投資家のみなさんから新NISAの成長投資枠の年間限度額である240万円を使った優待株のポートフォリオを作ってもらいました。

新NISAは優待投資向き

2024年から始まった新NISAには「成長投資枠」と「つみたて投資枠」の2つの枠があります。このうち「つみたて投資枠」は、購入できるのが投資信託中心で、優待がもらえる個別株は買えません。そこで株主優待が欲しい方で、なおかつNISAの非課税制度を利用したい方は、「成長投資枠」の枠内で株を買うことになります。

成長投資枠の年間非課税限度額は240万円です。つまり、240万円以内で購入した株式の値上がり益や配当には税金がかかりません。そこで本書では、SNSなどで優待投資についての情報を発信している投資家の皆さんに、この240万円を使った優待株のポートフォリオを作ってもらいました。

そのまま参考にできるポートフォリオ

ポートフォリオは、ファミリー向け、DINKS（「Double Income（共働き）／No Kids（子どもを持たない）夫婦」）向け、独身者と、ライフスタイル別に作成してあります。

たとえば家族で楽しめる優待をもらいたいという方であれば、「ファミリー向け」のポートフォリオが参考になります。ポートフォリオの内容をそのまま真似しても良いですし、似たような金額・内容の銘柄がほかにあれば、そこだけ銘柄を入れ替えても大丈夫です。

また、240万円の限度額を全て使うほどの余裕がなく、たとえば100万円だけ優待株を購入したいという方は、ここで紹介したポートフォリオの中から銘柄をいくつかピックアップして、合計100万円以内になる自分だけのポートフォリオを作っても構いません。

ポートフォリオを構成する銘柄については、優待の内容、優待を受けられる条件、優待を受けるために必要な最低金額なども紹介しています（左ページ図右上）。たとえば、株価1000円の銘柄で優待を受けられる条件が「100株以上」になっていたら、1000円×100株＝10万円が最低投資金額になります。株価は日々変わりますので、それに伴い最低購入金額も変わりますので、注意しましょう。

本書で紹介している株主優待の条件・内容は、2024年3月末時点のものです。優待の内容は変更される場合がありますので、最新の詳しい情報を知りたい方は企業の公式サイトでご確認ください

投資家ポートフォリオ（P50〜61）

かすみちゃんの優待ポートフォリオ

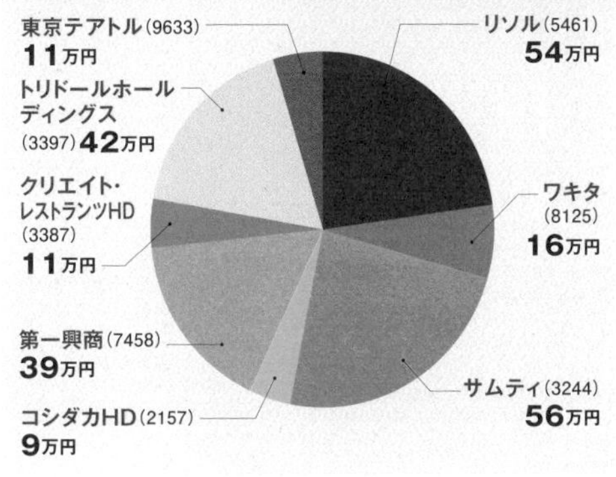

【上】
優待投資家が新NISA成長投資枠の年間限度額240万円を使って買った優待株の内訳（ポートフォリオ）

【右】
ポートフォリオを構成する銘柄の説明
❶優待銘柄（証券コード）
❷優待の権利確定月
❸優待内容＋投資家のコメント
❹優待内容の詳細ページ
❺投資家がもらった優待内容
❻優待条件の概略
❼投資家の購入金額
❽合計金額

優待ポートフォリオの内訳

※2024年3月29日の❹フォリオ

❶銘柄	❷	❸	❹
リソルHD(5261) ❶	3月	100株で2万円分の優待券がもらえ、ホテルやゴルフ場で利用できる	詳細は P72
❺内容	RESOL ファミリー 商品券（1枚 2,000円分）	購入金額	544,000円 ❼
❻必要購入株数	100株で商品券10枚（2万円分）		
ワキタ(8125)	2月	大阪にある「ホテルコルディア」の宿泊に利用できる利用券	詳細は P73
内容	100株 ホテルコルディア利用券1万円分	購入金額	159,300円
必要購入株数	300株で3万円分		
サムティ(3244)	12月	宿泊無料チケットは、自社ホテルで利用可能。優待だけでなく配当も魅力	詳細は P76
内容	200株 ホテル宿泊無料チケット1枚	購入金額	561,000円
必要購入株数	200株で無料チケット1枚		
コシダカホールディングス(2157)	8月	優待券は、カラオケ「まねきねこ」「ワンカラ」のほか温浴施設でも利用可能	詳細は P78
内容	100株で株主優待券2,000円分	購入金額	94,300円
必要購入株数	100株以上で株数に応じた株主優待券		
第一興商(7458)	3月 9月	カラオケ「ビックエコー」や、同社の飲食店舗で利用できる優待券	詳細は P79
内容	200株で株主優待券5,000円相当	購入金額	387,700円
必要購入株数	200株以上で10枚、2,000株以上で25枚の優待券		
クリエイト・レストランツHD(3387)	2月 8月	同社グループが運営するさまざまな店舗で優待券が使える	詳細は P66
内容	100株で株主優待券2,000円分	購入金額	105,000円
必要購入株数	100株以上でグループ店舗での利用可能な優待券		
トリドールHD(3397)	3月 9月	丸亀製麺などで利用可能。金券から10円単位で使えるカード型優待に変更され便利に	詳細は P68
内容	100株でカード型優待券3,000円相当	購入金額	415,700円
必要購入株数	100株以上で株数に応じた優待券		
東京テアトル(9633)	3月 9月	約11万円というお手頃価格で株式を購入、年間8本の映画が無料で見られる	詳細は P78
内容	100株で映画招待券4枚	購入金額	112,100円
必要購入株数	100株以上で株数に応じた優待券		

金額合計 2,379,100円 ❽

PROFILE
かすみちゃん

株主優待品で生活出費を賄う人気優待ブロガー。人気ブログ「かすみちゃんの株主優待日記(https://kasumichan.com/)」では、株主優待のほか、配当金、逆日歩に関する情報なども発信。価格.comマガジンや楽天証券「トウシル」などで連載中。
X(旧Twitter):@kasumicyan

優待銘柄紹介（P62以降）

コタ ❶　②東証プライム（4923）　③3月

利回り	⑤	⑥	⑦	
総 4.52% ④	配 1.21%	PER 30.5倍	1株配 18.18円	優待対象最低投資額 150,400円 ⑩
	優 3.32%	PBR 3.87倍	株価 1,504円	

優待条件
- 100株以上500株未満：5,000円〜8,000円相当の同社製品
- 500株以上1,000株未満：8,000円〜12,000円相当の同社製品
- 1,000株以上2,000株⑧満：12,000円〜15,000円相当の同社製品
- 2,000株以上3,000株未満：15,000円〜19,000円相当の同社製品
- 3,000株以上：19,000円〜24,000円相当の当社製品

とりでみなみのお勧めPOINT

コタは、シャンプーやトリートメントなど美容室向けに頭髪用化粧品の製造や販売を手掛ける会社。優待は1人1人の髪や頭皮の状⑨悩みに合わせてコースを選ぶことができます。1人暮らしの男性なら量も十分。株数+長期保有で優待の金額（相当）分や商品内容が変わります。

⑪ 自社製品（シャンプーなど）

⑫

⑬
●以下から選択　①髪をケア（コタ アイ ケア コース）／②頭皮をケア（コタセラ スパ コース）／③髪・頭皮を総合ケア（コタクチュール コース／長期保有優遇対象者限定）／④髪のシルエットをケア（コタエイジング コース／同）

①銘柄名（社名）
②市場・証券コード
③権利確定月
④総利回り
⑤配当利回り・優待利回り
⑥PER、PBR
⑦配当金、株価
（2024年3月29日時点）
⑧優待条件
⑨優待をもらった投資家のコメント
⑩優待をもらうための最低投資金額
⑪優待内容の見出し
⑫優待関連写真
（過去の優待品や、優待品以外の企業のイメージ写真の場合もあります）
⑬優待条件の概略

注 ここで紹介している優待内容は「概略」のため、以下の内容を省略しているところもあります。①優待必要株数「〜株以上、〜株未満」の表現、②優待が年2回配布される旨、③長期保有株主への優待内容、④権利確定日が月末以外のケースなど

ライフスタイル別 新NISAで狙う優待株はこれだ!

優待ライフを満喫! とっておきの旅行・レジャー銘柄

かすみちゃん

私は旅行が好きなので、同じ趣味の人が楽しめるよう旅行・レジャー関係の銘柄でポートフォリオを組んでみました。

新NISA成長投資枠の年間限度額240万円を使って、自分の趣味でもある旅行、グルメ、レジャーでポートフォリオを組んでみました。ホテルの優待券は企業が損をしないのかなと思うくらいリッチな金額で、万単位の金額で、追加料金を払わなくても利用できるのが魅力です。配当利回りがそれほど高くなくても優待を含めた総合利回りでは5%くらいになる銘柄もあります。カラオケ店や外食関連の優待は、たとえばカラオケだけでなくグルメも楽しめるなど、複合的に楽しめるものを選んでいます。

かすみちゃんの優待ポートフォリオ

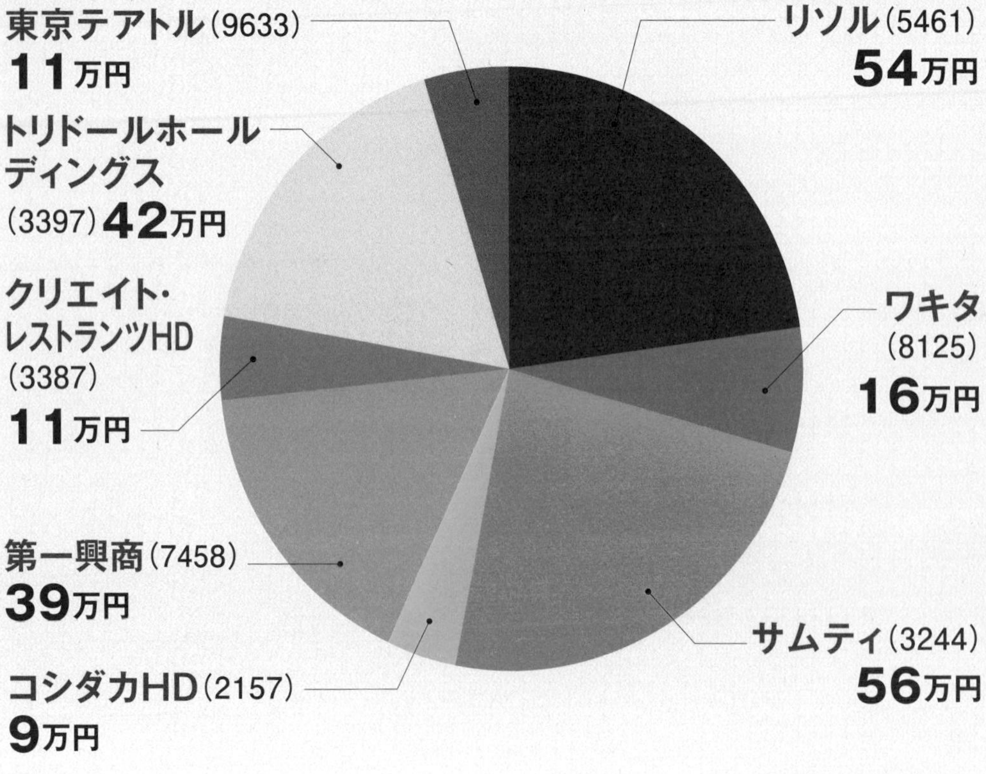

優待ポートフォリオの内訳

※2024年3月29日のポートフォリオ

リソルHD（5261）　3月

100株で2万円分の優待券がもらえ、ホテルやゴルフ場で利用できる

詳細は P72

内容	RESOL ファミリー 商品券（1枚 2,000円分）
必要購入株数	100株で商品券10枚（2万円分）

購入金額 544,000円

ワキタ（8125）　2月

大阪にある「ホテルコルディア」の宿泊に利用できる利用券

詳細は P73

内容	100株 ホテルコルディア利用券1万円分
必要購入株数	300株で3万円分

購入金額 159,300円

サムティ（3244）　12月

宿泊無料チケットは、自社ホテルで利用可能。優待だけでなく配当も魅力

詳細は P76

内容	200株 ホテル宿泊無料チケット1枚
必要購入株数	200株で無料チケット1枚

購入金額 561,000円

コシダカホールディングス（2157）　8月

優待券は、カラオケ「まねきねこ」「ワンカラ」のほか温浴施設でも利用可能

詳細は P78

内容	100株で株主優待券2,000円分
必要購入株数	100株以上で株数に応じた株主優待券

購入金額 94,300円

第一興商（7458）　3月 9月

カラオケ「ビックエコー」や、同社の飲食店舗で利用できる優待券

詳細は P79

内容	200株で株主優待券5,000円相当
必要購入株数	200株以上で10枚、2,000株以上で25枚の優待券

購入金額 387,700円

クリエイト・レストランツHD（3387）　2月 8月

同社グループが運営するさまざまな店舗で優待券が使える

詳細は P66

内容	100株で株主優待券2,000円分
必要購入株数	100株以上でグループ店舗での利用可能な優待券

購入金額 105,000円

トリドールHD（3397）　3月 9月

丸亀製麺などで利用可能。金券から10円単位で使えるカード型優待に変更され便利に

詳細は P68

内容	100株でカード型優待券3,000円相当
必要購入株数	100株以上で株数に応じた優待券

購入金額 415,700円

東京テアトル（9633）　3月 9月

約11万円というお手頃価格で株式を購入、年間8本の映画が無料で見られる

詳細は P78

内容	100株で映画招待券4枚
必要購入株数	100株以上で株数に応じた優待券

購入金額 112,100円

金額合計 2,379,100円

PROFILE

かすみちゃん

株主優待品で生活出費を賄う人気優待ブロガー。人気ブログ「かすみちゃんの株主優待日記（https://kasumichan.com/）」では、株主優待のほか、配当金、逆日歩に関する情報なども発信。価格.comマガジンや楽天証券「トウシル」などで連載中。

X（旧Twitter）:@kasumicyan

ライフスタイル別 新NISAで狙う優待株はこれだ！

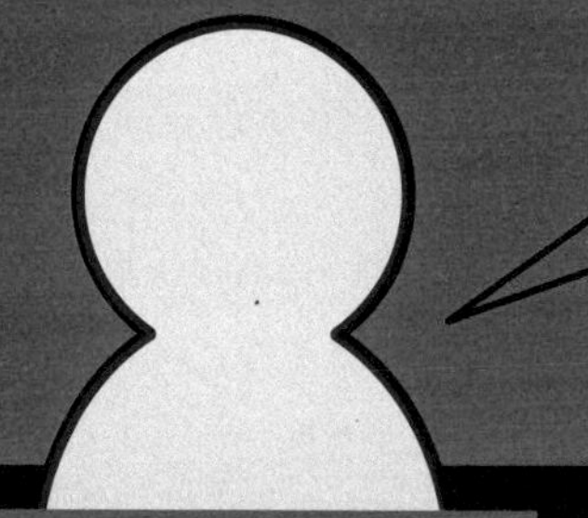

旅行を満喫し、さらにセットでグルメも楽しめる！

www9945

私は会社を辞め専業投資家になってから離島めぐりが趣味となったので「旅行」をテーマにしてみました。

賃金が上昇する一方、物価高は収まらず、実質賃金の格差は進行していますが、そんな中、茨城県出身の私が2泊3日での具体的な旅行を、優待でお安く過ごすというプランを考えてみました。東武東上線を使ってパルグループの高級な鬼怒川温泉（栃木県日光市）の金谷ホテルに泊まり、旅行を満喫。東武動物公園を廻って、帰りは東京でスカイツリーを見学。お昼は椿屋珈琲店でカレー&コーヒーセットを注文。英国風のハブで夜を満喫し、サムティ（日本橋箱崎）のホテルで疲れた身体を癒やすコースです。

www9945の優待ポートフォリオ

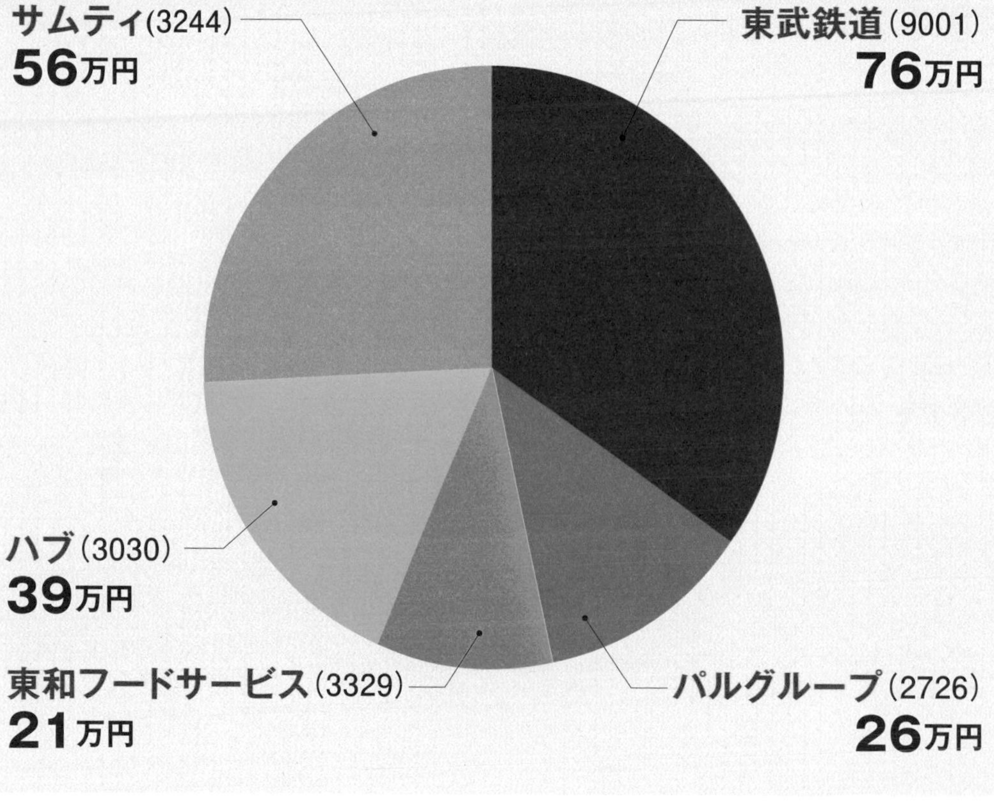

優待ポートフォリオの内訳

※2024年3月29日のポートフォリオ

銘柄	権利確定月	概要	詳細	内容	必要購入株数	購入金額
東武鉄道（9001）	3月 9月	株数に応じて優待乗車証と株主優待券。長期保有優待もあり	詳細はP73	200株で優待乗車証2枚と優待券2枚	100株以上で優待乗車証と優待券	756,200円
パルグループHD（2726）	2月	鬼怒川金谷ホテル（栃木県）、ホステルのアサ（和歌山県）などで利用できる割引優待券	詳細はP73	100株で割引優待券2枚	100株以上で株数に応じて割引優待券	259,600円
東和フードサービス（3329）	4月 10月	椿屋珈琲などで使える割引優待券が年2回（100株の場合3枚+2枚=5枚）もらえる	詳細はP69	100株で年に5枚の割引優待券	100株以上で株数に応じて割引優待券	212,000円
ハブ（3030）	2月	英国風パブ「HUB」で利用できる優待カードが、株数に応じてもらえる	詳細はP66	500株で5,000円分の優待カード（※）	100株以上で株数に応じて優待券	387,000円
サムティ（3244）	12月	株主優待ホテル予約システムで、同社グループのホテル宿泊無料チケットがもらえる	詳細はP76	200株で株主優待1枚	200株以上で株数に応じて優待配布	561,000円

金額合計 2,175,800円

（※）2024年2月末現在の株主から優待内容変更

パルグループの
割引優待券は
鬼怒川金谷ホテルなどで
利用できて
旅行を満喫できます

鬼怒川温泉

PROFILE

www9945

50代の専業投資家。年収300万円の清掃業時代に株式投資をはじめ、運用資産約6.8億円（2024年2月末現在）。街角ウォッチングで投資のヒントを見つける。保有株のうち、優待銘柄は127銘柄にのぼるほどの株オタク。ハンドルネームの9945は、弁当屋「ほっともっと」を運営するプレナスの株式コードに由来。

ライフスタイル別 新NISAで狙う優待株はこれだ!

家族全員優待を満喫! ファミリー優待の組み合わせ

ようこりん

優待のいいところは、株式の値上がり益にプラスして優待がもらえるところ。物価高のおり、ファミリーには強い味方です!

物価高で家計のやりくりに苦労している家庭も多いと思いますので、少しでも家計の助けになるよう、食品や外食、お金のかかる化粧品や洋服、日用品までも優待で補うポートフォリオを組んでみました。新NISAの成長投資枠年間限度額の240万円を使うとしたら、いろいろな銘柄の組み合わせが可能なので、家族全員に役立つ日用品、食料品や外食、パパ、ママ、お子さんそれぞれが不公平なくみんなで喜べるような衣料品、化粧品など、バラエティに富んだ優待品を盛り込んでいます。

ようこりんの優待ポートフォリオ

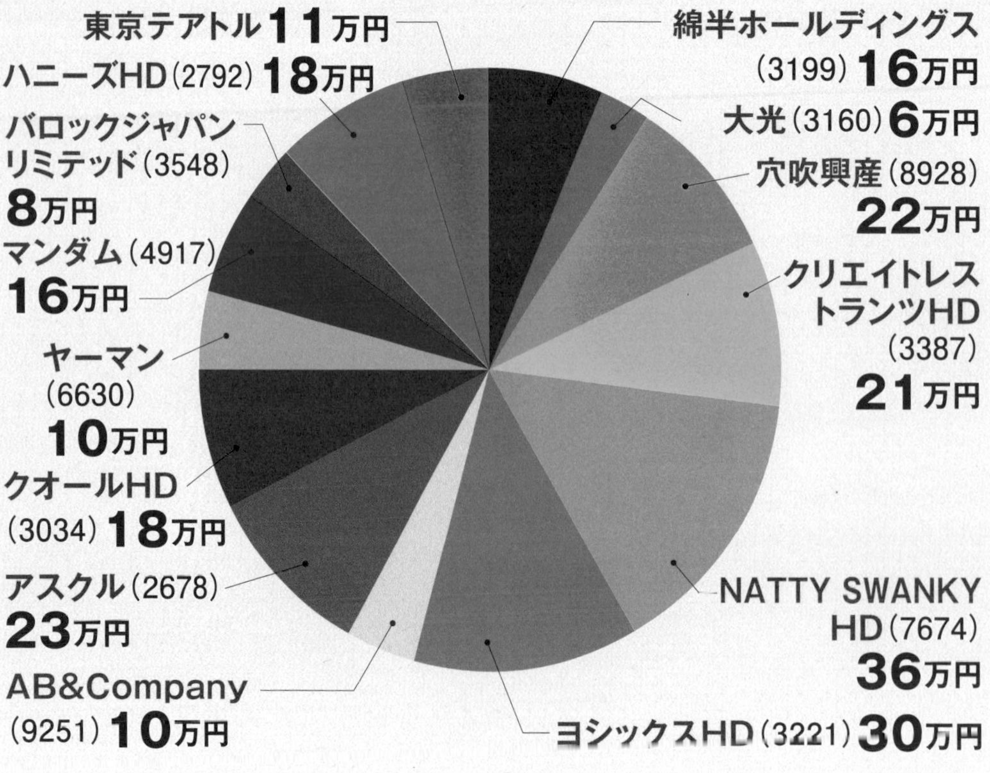

優待ポートフォリオの内訳

※2024年3月29日のポートフォリオ

綿半ホールディングス(3199)　9月

2000円分の綿半オリジナル信州特産品がもらえる(株数に応じて点数が増える)
詳細はP70

内容　2,000円分でお米5kgを選択

必要購入株数　100株以上で株数に応じて信州特産品

購入金額　156,500円

大光(3160)　5月 11月

QUOカードはアミカの店舗に持参すれば倍額の商品券に交換してもらえる

内容　100株で500円分のQUOカード

必要購入株数　100株以上でQUOカードまたはアミカ商品券

購入金額　64,500円

穴吹興産(8928)　6月

冷凍きつねうどんは15食入りで美味しくて家族にも好評。ほかに特選さぬきうどんなども
詳細はP63

内容　100株でさぬきうどんセット

必要購入株数　100株以上で3,000円相当のオリジナル商品

購入金額　219,400円

クリエイト・レストランツHD(3387)　2月 8月

さまざまな食が楽しめるグループのレストランをはしごしながら外食を楽しむ
詳細はP66

内容　200株で年8,000円の優待券

必要購入株数　100株以上でグループ店舗での利用可能な優待券

購入金額　210,000円

NATTY SWANKY HD(7674)　1月 7月

「肉汁餃子のダンダダン」の食事券を、テイクアウトやパパと飲みに行くときに利用
詳細はP67

内容　餃子弁当テイクアウトなどに利用

必要購入株数　食事券1,000円×10枚が年2回もらえる

購入金額　356,500円

ヨシックスHD(3221)　3月 9月

お寿司のテイクアウトなど。割引券はパパが会社の人と飲むときによく使う

内容　100株で食事券、割引券

必要購入株数　100株以上で食事券と割引券

購入金額　298,000円

その他

AB&Company(9251)	優待買物割引券	95,500円
アスクル(2678)	洗剤、テッシュや、トイレットペーパーなど	229,400円
クオールHD(3034)	自分か家族の化粧品下地orハンドクリームなど	176,700円
ヤーマン(6630)	自分用ファンデーション等	100,500円
マンダム(4917)	パパと息子用化粧品など	135,000円
バロックジャパンリミテッド(3548)	パパと息子の服か靴下、配当も良い	76,000円
ハニーズHD(2792)	自分と家族の服かバッグ、もしくは下着も	178,000円
東京テアトル(9633)	映画招待券	112,100円

金額合計　2,408,100円

PROFILE

ようこりん

優待バリュー投資家。優待株だけで約400銘柄を保有し、優待品専用の「優待部屋」を持つほどの優待投資家だが、キャピタルゲイン狙いの集中投資をすることもある。優待推しだが、一番好きなのは株式会社。株式投資で日本企業を応援したい。
X(旧Twitter):@CDNFusxnupl6X1w

ライフスタイル別 新NISAで狙う優待株はこれだ！

生活費の一部が賄える「○○フリー」優待のポートフォリオ

とりでみなみ

投資で資産を築くには投資資金を増やすための入金力が大切。株主優待で生活費を抑えられたら一石二鳥。

せっかく株式投資をするならば、節約にもつながる株主優待が欲しい。優待だけで生活費の一部が賄えることを、私は「○○フリー」と呼んでいます。
たとえば私は、この数年間でトイレットペーパーを1度も買ったことがありません。特殊東海製紙（3708）の優待があるので、「トイレットペーパーフリー」なのです。コロナ禍で店頭からトイレットペーパーがなくなったときも、全く困りませんでした。このように生活費を抑える手段として、優待を活用するポートフォリオを私なりに組んでみました。

とりでみなみの優待ポートフォリオ

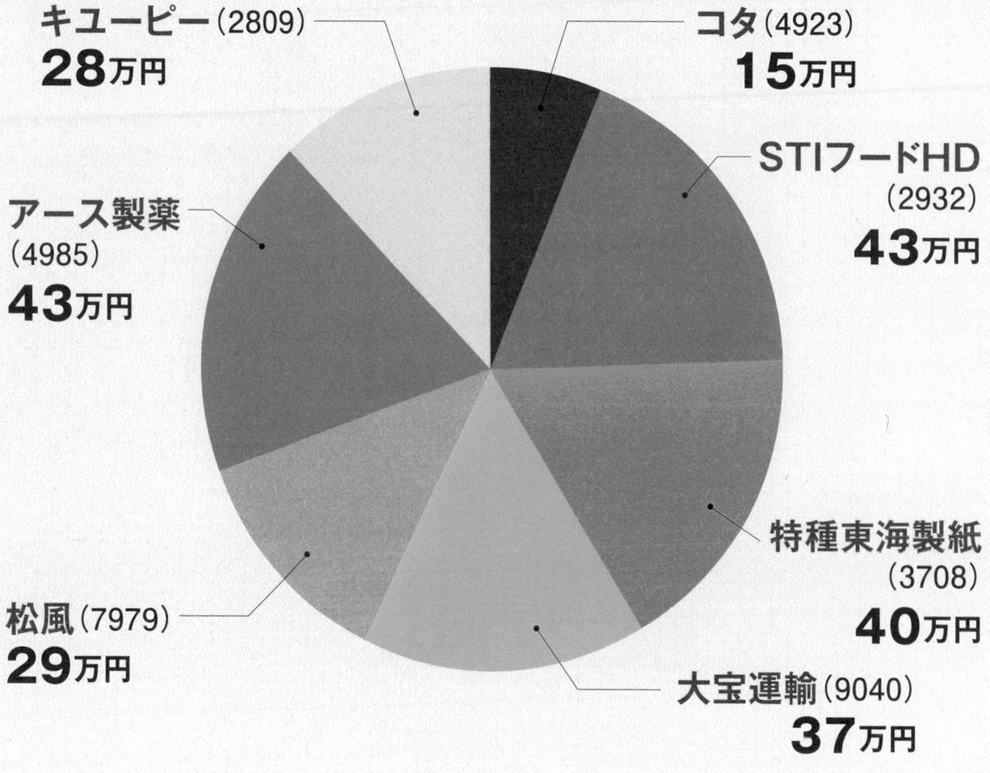

優待ポートフォリオの内訳

※2024年3月29日のポートフォリオ

銘柄	権利月	概要	内容	必要購入株数	購入金額	詳細
コタ(4923)	3月	「髪をケアしたい」「頭皮をケアしたい」など4つのコースを選択可	100株でシャンプーフリー	100株以上で自社製品(コース選択自由)	154,000円	詳細はP62
STIフードHD(2932)	12月	100株以上・1年以上保有の株主は、漁港・石巻や焼津の缶詰、水産食品などがもらえる	100株で鯖缶フリー	100株以上で3,000円相当の同社限定商品	428,000円	詳細はP64
特種東海製紙(3708)	3月	トイレットペーパーなどの同社製品は3年以上保有か300株以上でもらえる	100株でトイレットペーパーフリー	100株以上で図書カードか同社製品	401,000円	
大宝運輸(9040)	9月	詰め替え用も含めたライオンの「トップ スーパーNANOX」セット(3,000株相当)がもらえる	100株で洗剤フリー	100株以上で3,000円相当の洗剤	370,000円	詳細はP100
松風(7979)	3月 9月	薬用歯磨き、入歯洗浄剤、マスク、ネイル製品など自社製品の優待価格販売も受けられる	100株でマスク、歯磨き粉フリー	100株以上で歯磨き、マスクなど	293,800円	
アース製薬(4985)	6月 12月	モンダミン、バスクリン、虫よけスティックなど同社製品の詰め合わせがもらえる	100株で入浴剤フリー	100株以上で同社グループ製品詰め合わせ	431,500円	詳細はP100
キユーピー(2809)	11月	マヨネーズ、ドレッシングなどの商品に加え、500株(継続3年)以上は特性タオルも	100株でマヨネーズ・ドレッシングフリー	100株以上(継続保有6カ月以上)で同社グループ製品	283,000円	

金額合計 2,357,700円

PROFILE

とりでみなみ

長期分散投資を旨とする40代兼業投資家。20代のときに50歳で3億円を目標に投資をスタート。入金しては銘柄を増やしつつ前倒しで目標を達成。優待銘柄は複数単元購入し値上がりしたら単元株を残して売却、次の優待銘柄を購入する「金の成る木を作る」戦略。マクロの視点から未来を予測しての銘柄選択が得意。

ライフスタイル別 新NISAで狙う優待株はこれだ！

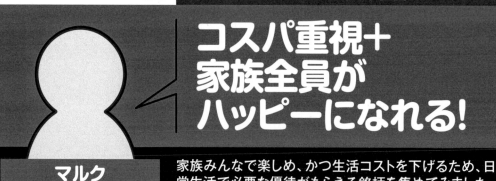

コスパ重視＋家族全員がハッピーになれる！

マルク

家族みんなで楽しめ、かつ生活コストを下げるため、日常生活で必要な優待がもらえる銘柄を集めてみました。

家族の生活コストを下げるために、外食、ファッション、家電、テーマパークなどを組み合わせてみました。
マクドナルドやヤマダ電機の商品はまずあって困りませんし、アダストリアも使える店舗が多く、家族全員がハッピーになれます。その他、JINS（ジンズ）は優待利回りも高く、メガネに加えてコンタクトにも使えてとても便利。無印良品の5％オフ優待券がもらえる良品計画も見逃せません。ワイシャツやネクタイがもらえるはるやまも、サラリーマンにとっては助かります。

マルクの優待ポートフォリオ

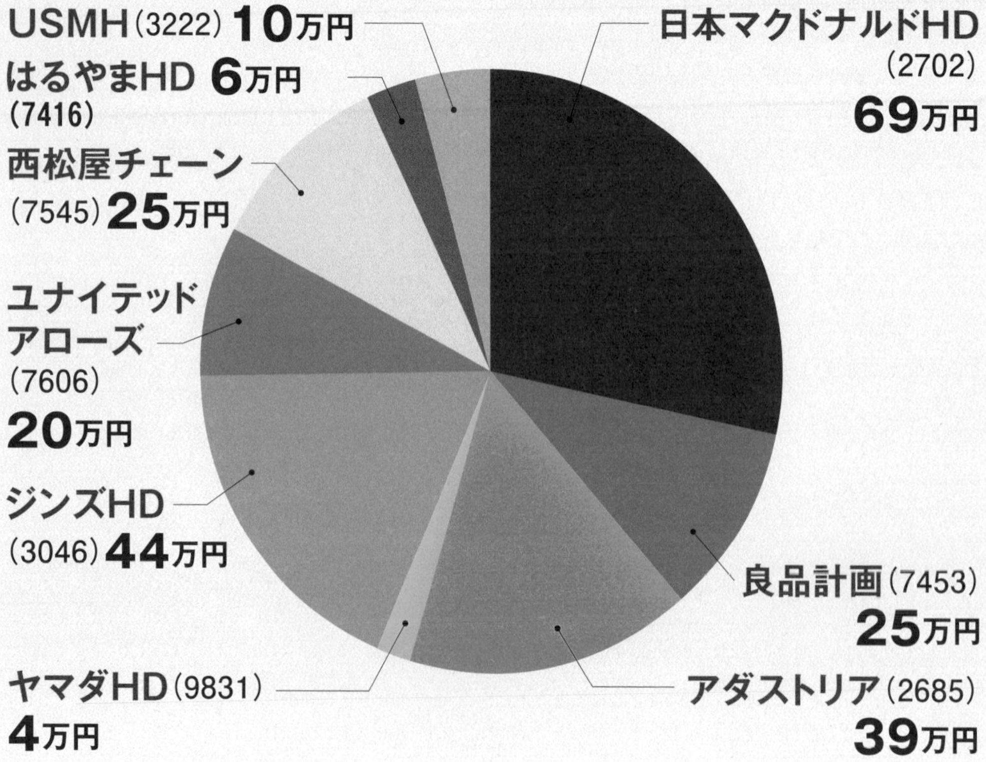

優待ポートフォリオの内訳

※2024年3月29日のポートフォリオ

銘柄	権利確定月	概要	詳細	内容	必要購入株数	購入金額
日本マクドナルドHD(2702)	12月 6月	バーガー類、サイドメニュー、ドリンクの商品引換券が6枚ずつで1冊になった優待食事券	詳細は P68	100株で優待食事券	100株以上(保有期間1年以上)で優待食事券	686,000円
良品計画(7453)	2月 8月	全国の無印良品店舗で、買い物の際に5%割引が適用される優待カードがもらえる	詳細は P64	100株で無印良品の5%優待カード	100株以上で割引優待カード	252,400円
アダストリア(2685)	2月	グローバルワークなど、日本国内のアダストリアグループ店舗でご利用可能な優待券	詳細は P100	100株で商品引換券	100株以上で、優待券(商品引換券)	385,500円
ヤマダHD(9831)	3月 9月	ヤマダ電機の国内各店舗で使用可能な優待券(お買い物優待券)がもらえる。年2回	詳細は P64	100株で年間1,500円分の優待券	100株以上で株数に応じた優待券	44,120円
ジンズHD(3046)	8月	国内の同社グループ直営アイウエアショップやネットショップで使える優待券がもらえる	詳細は P88	100株で9,000円分の優待券	100株以上で9,000円(税別)の優待券	441,000円
ユナイテッドアローズ(7606)	3月	同社の店舗および通販サイトにおいて、15 %割引価格で買物できる優待買物券	詳細は P88	100株で15%割引券が2枚	100株以上で優待割引券	199,200円
西松屋チェーン(7545)	2月 8月	年2回、保有株数に応じたプリペイドカード方式の買物カード。長期保有で増額	詳細は P98	100株で1,000円+長期保有で500円の優待券	100株以上で株数、保有期間ごとに優待カード	248,800円

その他		
はるやまHD(7416)	割引券、またはネクタイ、ワイシャツなど	62,600円
USMH(3222)	優待券またはコシヒカリ、カレーなど	100,200円

金額合計 2,419,820円

PROFILE

マルク

元大手銀行員の副業ブロガー。投資歴15年。ブログやSNSで投資、簡単ポイ活節約、学校が教えないお金の知識などの情報を発信中。X(旧Twitter)のフォロワー7万1000人(2024年3月末現在)。"お金と仮想通貨"のブログ「マネーアンテナ(https://money-antenna.com/)、X:@Marc_life_

ライフスタイル別 新NISAで狙う優待株はこれだ!

最低投資金額低めの銘柄を優先し種類数を多めに

MURA(むら)

家族で優待の「ワクワク」をたくさん楽しむため、最低投資金額低めの銘柄を優先し種類数を多めにしました。

家族みんなで株主優待を満喫できるポートフォリオです。選ぶ楽しみがあり会話も弾むカタログギフト、休日に足を運べる外食のほか、美容、玩具など家族全員、あるいは両親、お子さんなどそれぞれに合わせた嗜好品も組み入れています。

株主優待を目的にした場合でも、株価が安定していないと安心して楽しめません。財務面が安定していて長期で保有しやすいことと、新NISAのメリットである非課税の恩恵を受けられるよう、極力配当金もある銘柄を選定しました。

MURAの優待ポートフォリオ

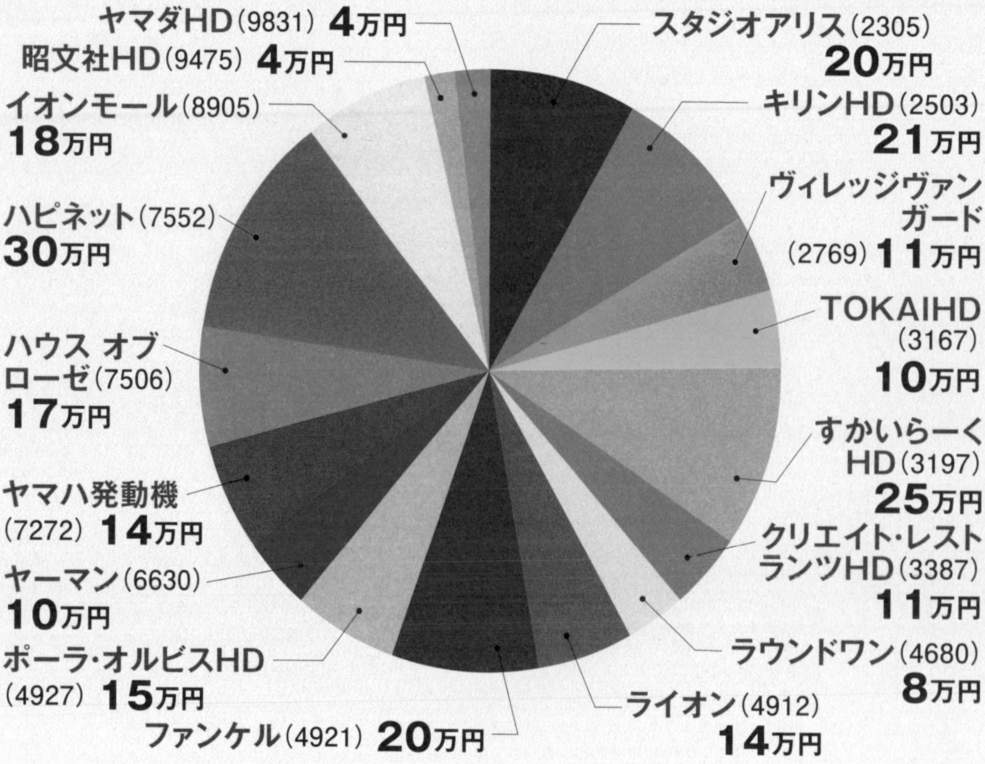

優待ポートフォリオの内訳

※2024年3月29日のポートフォリオ

スタジオアリス（2305）　8月

同社の店舗において、子どもを含め家族誰でも写真が撮影してもらえる優待券

詳細は P99

内容	100株で写真撮影券1枚
必要購入株数	100株以上で株主写真撮影券
購入金額	205,100円

キリンHD（2503）　12月

同社グループの商品詰め合わせ、キリンシティでの食事券、寄付などが選べる

内容	100株でビール、清涼飲料水など
必要購入株数	100株以上で商品、食事券、寄付など
購入金額	209,800円

ヴィレッジヴァンガード（2769）　11月

同社グループ店舗で書籍などが購入できる、最低1万円相当の商品券がもらえる

詳細は P63

内容	100株で1,000円分の商品券10枚
必要購入株数	100株以上で株数・保有期間に応じた買物券
購入金額	105,100円

TOKAI HD（3167）　3月 9月

天然水、QUOカード、食事券、ポイント、スマホサービスの5コースから優待が選べる

詳細は P71

内容	100株で天然水やQUOカード
必要購入株数	100株以上で5コースから優待の種類が選べる
購入金額	98,800円

すかいらーくHD（3197）　12月 6月

ガスト、バーミヤンなど20以上のブランド、2,700店舗以上で使える食事割引券

詳細は P67

内容	100株で年間4,000円分の優待カード
必要購入株数	100株以上で株数に応じた金額の優待カード
購入金額	245,150円

ライオン（4912）　12月

ハミガキ、ウェットシート、ハンドソープ、洗剤などの商品詰め合わせセット

詳細は P65

内容	100株で同社商品セット
必要購入株数	100株以上で自社商品セット（2025年12月末に1年以上継続保有の株主に変更）
購入金額	135,800円

その他

クリエイト・レストランツHD（3387）	グループ店舗で利用できる食事券	105,000円
ラウンドワン（4680）	ラウンドワン（スポッチャ）の割引券	78,700円
ファンケル（4921）	コスメやサプリなどの商品	200,300円
ポーラ・オルビスHD（4927）	化粧品が選べる優待	145,150円
ヤーマン（6630）	同社直販Webサイトなどで利用できる優待割引券	100,500円
ヤマハ発動機（7272）	本社・グループ会社所在地各地名産品から選べる優待	142,350円
ハウス オブ ローゼ（7506）	自然志向のバス&ボディケアセット	160,200円
ハピネット（7552）	児童向け玩具・ゲームソフトなど	302,500円
イオンモール（8905）	イオングループで使えるカード	179,200円
昭文社HD（9475）	地図や旅行ガイドなど	39,400円
ヤマダHD（9831）	家電割引券。NISA限度枠の端数調整的に	44,120円

金額合計　2,497,170円

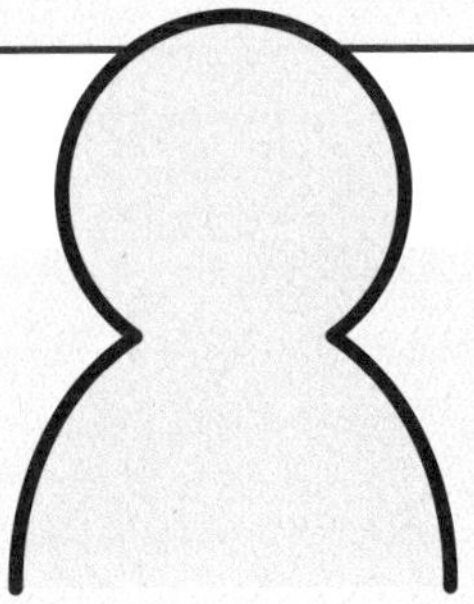

PROFILE

MURA（むら）

X（旧Twitter）、Instagram、LINEオープンチャットにて「知らないと損するお金・お得の知識」を毎日発信する会社員。キャンペーン活用法や節約外食術でお金を貯めて、新NISAを中心とした投資で資産を増やすがモットー。初心者の方に向けたていねいな解説を得意としています。X（旧Twitter）：@MURA_mal

ファミリーで使える優待

買い物にいったり、日常生活で利用したり。百貨店やスーパーのお得な買物券、日用品のセットなど、家族で楽しめる優待です。

本書で紹介している株主優待の条件・内容は、2024年3月末時点のものです。優待の内容は変更される場合がありますので、最新の詳しい情報を知りたい方は企業の公式サイトでご確認ください。利回りや配当、PER、PBRなどの指標は「株探」（https://kabutan.jp/）を参照しています

コタ

東証プライム（4923）　3月

利回り　総 4.52％　配 1.21％　優 3.32％

PER 30.5倍　1株配 18.18円

PBR 3.87倍　株価 1,504円

優待対象最低投資額 **150,400円**

優待条件

- 100株以上500株未満：5,000円～8,000円相当の同社製品
- 500株以上1,000株未満：8,000円～12,000円相当の同社製品
- 1,000株以上2,000株未満：12,000円～15,000円相当の同社製品
- 2,000株以上3,000株未満：15,000円～19,000円相当の同社製品
- 3,000株以上：19,000円～24,000円相当の当社製品

とりでみなみのお勧めPOINT

コタは、シャンプーやトリートメントなど美容室向けに頭髪用化粧品の製造や販売を手掛ける会社。優待は1人1人の髪や頭皮の状態、悩みに合わせてコースを選ぶことができます。1人暮らしの男性なら量も十分。株数+長期保有で優待の金額（相当）分や商品内容が変わります。

自社製品（シャンプーなど）

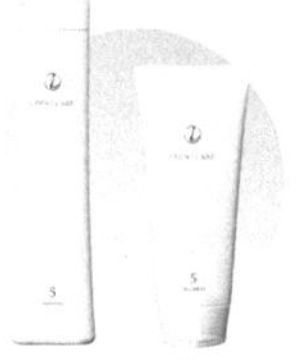

画像はコタ アイ ケア コース

●以下から選択　①髪をケア（コタ アイ ケア コース）、②頭皮をケア（コタセラ スパ コース）、③髪・頭皮を総合ケア（コタクチュール コース／長期保有優遇対象者限定）、④髪のシルエットをケア（コタエイジング コース／同）

ハピネット

東証プライム（7552）　3月

利回り　総 4.13％　配 4.13％　優 —

PER 10.4倍　1株配 125円

PBR 1.35倍　株価 3,025円

優待対象最低投資額 **302,500円**

優待条件

※①優待カタログ、②こども商品券

- 100株：①から1品選択
- 500株：①から2品選択＋2,000円相当の②
- 1,000株：①から3品選択＋5,000円相当の②

（注：こども商品券は、優待カタログから商品の申し込みをした人のみ贈呈）

MURAのお勧めPOINT

男児、女児向け玩具・ゲームソフト・映像ソフトなどから選べる優待です。毎年ラインナップが変わるワクワクもあります。500株以上の株式保有でさらに商品券も付きます。

子ども用玩具などがもらえる優待カタログ

●株主優待カタログの中から、同社オリジナル・独占販売商品。さらに500株以上保有の株主は、所有株数に応じて「こども商品券」

穴吹興産

東証スタンダード（8928） 6月

利回り 総4.00％ 配2.64％ 優1.36％

PER 6.0倍 1株配 58円
PBR 0.61倍 株価 2,194円

優待対象最低投資額 219,400円

優待条件
●100株以上保有の株主に3,000円相当のオリジナル商品または寄付

「あなぶき家」の特選さぬきうどんセットなど

●以下から選択　①さぬきうどん店「あなぶき家」の特選さぬきうどんセットなどのオリジナル商品、②奨学金給付等を行う公益財団法人への寄付

ようこりんのお勧めPOINT

100株でさぬきうどんセットなど、3,000円相当のオリジナル商品がもらえます。我が家ではここの冷凍きつねうどんが好みで、15食も入って美味しくて、家族もめちゃ喜んでます。

ヴィレッジヴァンガードコーポレーション

東証スタンダード（2769） 11月

利回り 総9.51％ 配0.00％ 優9.51％

PER 65.4倍 1株配 0円
PBR 1.24倍 株価 1,051円

優待対象最低投資額 105,100円

優待条件
●100株：10,000円相当
【株式継続保有期間1年以上】●100株：11,000円相当
【株式継続保有期間2年以上】●100株：12,000円相当

店舗で使える商品引換券

●ヴィレッジヴァンガードなど、同社グループの各店舗で利用可能な割引券

MURAのお勧めPOINT

ヴィレッジヴァンガードで使える計10,000円分の割引券。安くなりにくい書籍にも使え優待利回りがとても高いです。ただ、買物券は、税込2,000円ごとに1枚（1,000円券）の利用となります。

ダイドーグループHD

東証プライム（2590） 1月・7月

利回り 総2.20％ 配1.10％ 優1.10％

PER ― 1株配 30円
PBR 0.96倍 株価 2,717円

優待対象最低投資額 543,400円

優待条件
●200株で6,000円相当の自社グループ商品の詰め合わせ
（株式継続保有期間6カ月以上／1月）
●200株で記念品1点
（1回限りの贈呈／株式継続保有期間5年以上／7月）

自社グループ商品の詰め合わせ

画像は6,000円相当の優待品の例

●ダイドードリンコ（飲料・健康食品）、たらみ（ゼリー）の商品が優待価格で購入できる

かすみちゃんのお勧めPOINT

約20本のダイドードリンコ・ドリンクセットと、たらみのゼリーセットがもらえます。コーヒーや炭酸飲料など種類が豊富で、家族みんなで楽しむことができます。

STIフードHD

東証スタンダード（2932）　**12月**

利回り 総 2.80％	配 2.10％ / 優 0.70％	PER 15.9倍 / PBR 3.41倍	1株配 90円 / 株価 4,280円

優待対象 最低投資額 **428,000円**

優待条件

※自社ブランドの株主限定商品
●100株以上保有（継続して1年以上保有）：3,000円相当の商品

とりでみなみのお勧めPOINT

水産原料素材の製造・販売を行う同社は、水産加工品やおにぎりをセブン-イレブンなどのコンビニや小売りチェーンに納品。みなさんもきっとどこかで食べているはず。鯖缶好きにはたまりません。

鯖缶などオリジナルブランド商品

●オリジナルブランドの商品（「STONE ROLLS（ストンロルズ）」、「FIRE PORTS（ファイヤポーツ）」）。

良品計画

東証プライム（7453）　**2月・8月**

利回り 総 1.58％	配 1.58％ / 優 —	PER 20.2倍 / PBR 2.53倍	1株配 40円 / 株価 2,524円

優待対象 最低投資額 **252,400円**

優待条件

●100株で優待買物割引カード（5％割引／年2回）

マルクのお勧めPOINT

無印良品の5％割引の優待カードがもらえます。ヘビーユーザーにはかなりオススメ。全国の無印良品店舗（IDEE、Café MUJI、Café & Meal MUJI、MUJI Bakery、MUJI Dinerなども対象）で使えます。

店舗で使える商品割引券

●買い物の際に5％割引が適用される優待カード。全国の無印良品店舗で利用可。

ヤマダHD

東証プライム（9831）　**3月・9月**

利回り 総 6.35％	配 2.95％ / 優 3.40％	PER 9.5倍 / PBR 0.49倍	1株配 18円 / 株価 441.2円

優待対象 最低投資額 **44,120円**

優待条件

※優待買物割引券（3月）
●100株～499株：500円相当
●500株～999株：2,000円相当
●1,000株～9,999株：5,000円相当
●10,000株以上：25,000円相当

※優待買物割引券（9月）
●100株～499株：1,000円相当
●500株～999株：3,000円相当
●1,000株～9,999株：5,000円相当
●10,000株以上：25,000円相当

マルクのお勧めPOINT

1,000円の買い物ごとに500円割引できる優待券がもらえる。株価が500円以下なので、9月末時点で株主になっていれば、1,000円の優待券が、約50,000円以内の投資からゲットできるのだからお得です。

買物優待券

●「ヤマダ電機」などグループ店舗で使える優待買物割引券（1枚500円相当から／年2回）

AB&Company

東証グロース（9251）

10月

利回り 総 11.3％ 配 2.93％ 優 8.37％

PER 11.2倍 1株配 28.07円
PBR 1.24倍 株価 955円

優待対象最低投資額 95,500円

優待条件
※自社オンラインストアの優待券
●100株：8,000円相当
●500株：24,000円相当

オンラインストアの優待券

●オリジナル商品のシャンプーなどが販売されている自社オンラインストアの優待券

ようこりんのお勧めPOINT

オンラインストアの優待券で、息子がお気に入りのシャンプー、トリートメントなどを購入しています。10万円以下の投資で8,000円相当の優待券がもらえるので、けっこうお得感があります。

ライオン

東証プライム（4912）

12月

利回り 総 1.98％ 配 1.99％ 優 —

PER 19.8倍 1株配 27円
PBR 1.34倍 株価 1,358円

優待対象最低投資額 135,800円

優待条件
※自社製品の詰め合わせ
●100株：1セット
（2025年12月末日を基準日とする株主優待〈2026年3月上旬発送予定〉より、株式継続保有期間1年以上の株主のみ適用）

自社製品の詰め合わせ

2024年3月発送分

●100株以上で自社製品の詰め合わせ（2024年3月末現在）

MURAのお勧めPOINT

ハンドソープ、ハミガキ、洗剤など実用性抜群の自社製品セットがもらえます。今後、優待は継続保有1年以上の株主のみになりますが、業績、配当も安定しており、長期保有したい銘柄です。

グルメを満喫できる優待（ファミリー、独身者問わず）

ファミレス、ファーストフード、パブ、居酒屋など、1人でも大勢でも楽しめるお得な優待券、割引券がもらえる優待銘柄です。

本書で紹介している株主優待の条件・内容は、2024年3月末時点のものです。優待の内容は変更される場合がありますので、最新の詳しい情報を知りたい方は企業の公式サイトでご確認ください。利回りや配当、PER、PBRなどの指標は「株探」（https://kabutan.jp/）を参照しています

ハブ

東証スタンダード（3030）　2月

利回り 総 3.23%	配 0.65% / 優 2.58%	PER 44.3倍 / PBR 3.95倍	1株配 5円 / 株価 774円

優待対象最低投資額 77,400円

優待条件

※優待カード
- 100株〜300株未満：2,000円分1枚
- 300株〜500株未満：6,000円分1枚
- 500株〜1,000株未満：10,000円分1枚
- 1,000株以上：20,000円分1枚
- 1,000株以上かつ1年以上保有：25,000円分1枚

（注）2024年2月に優待実施内容を変更。同月末現在の株主より、上記の内容で実施

www9945のお勧めPOINT

どうしてもギネスビールを飲みたい夜があるので、この優待カードは重宝しています。ただ、複数で飲むと一瞬で使い切ってしまいます。以前は注文のたびに手渡し決済していて面倒でしたが、現在はスキャナで優待カードのバーコードを読み取る形式になり、便利になりました。

株主優待カード

●英国風PUB「HUB」などで使える優待食事割引券

クリエイト・レストランツHD

東証プライム（3387）　2月・8月

利回り 総 4.47%	配 0.67% / 優 3.80%	PER 44.2倍 / PBR 6.38倍	1株配 7円 / 株価 1,050円

優待対象最低投資額 105,000円

優待条件

※食事券
- 100株以上：2,000円分（×2回）
- 200株以上：4,000円分（×2回）
- 400株以上：6,000円分（×2回）
- 600株以上：8,000円分（×2回）
- 1,000株以上：10,000円分（×2回）
- 3,000株以上：16,000円分（×2回）
- 6,000株以上：24,000円分（×2回）
- 9,000株以上：30,000円分（×2回）

（このほか継続保有株主優遇制度あり）

かすみちゃんのお勧めPOINT

100株でも年に4,000円。居酒屋・カフェ・ベーカリー・中華・フードコートなど、店舗の種類が豊富で飽きずに優待が使えます。優待が使える店舗が900店舗以上と多いのも嬉しいです。

店舗で使える食事券

●同社グループの各店舗（一部店舗を除く）にて利用できる食事券が年2回もらえる

NATTY SWANKY HD

東証グロース（7674）　1月・7月

利回り			
総 5.75％	配 0.14％ / 優 5.61％	PER 32.3倍 / PBR 3.40倍	1株配 5円 / 株価 3,565円

優待対象最低投資額 356,500円

優待条件

※株主優待券
- 100株でダンダダンの「お食事券1,000円」10枚（10,000円相当）（×年2回）

株主優待券（食事券）

●肉汁餃子のダンダダンの「お食事券1,000円」10枚（10,000円相当）

ようこりんのお勧めPOINT

年20,000円分というけっこうな金額の食事券なので、ダンダダンで餃子弁当のテイクアウトを買って帰ったり、パパとたまに飲みに行ったりと、何回も使えるのが嬉しいですね。

すかいらーくHD

東証プライム（3197）　6月・12月

利回り			
総 2.04％	配 0.41％ / 優 1.63％	PER 74.4倍 / PBR 3.44倍	1株配 10円 / 株価 2451.5円

優待対象最低投資額 245,150円

優待条件

※株主優待カード
- 100株：2,000円相当（×年2回）
- 300株：5,000円相当（×年2回）
- 500株：8,000円相当（×年2回）
- 1,000株：17,000円相当（×年2回）

MURAのお勧めPOINT

ファミリーレストランのガスト、バーミヤン、ジョナサンなど20以上のブランド、2,700店舗以上で使える食事割引券。100株で2,000円相当のカードが年2回、クーポン併用でさらにお得です。

株主優待カード

●グループ店舗で使える優待食事割引カード（年2回）

トリドールHD

東証プライム（3397）

3月・9月

利回り 総 1.62%	配 0.18% / 優 1.44%	PER 75.6倍 / PBR 4.68倍	1株配 7.5円 / 株価 4,157円

優待対象最低投資額 415,700円

優待条件

※食事優待券（年2回）
- ●100株：30枚（3,000円相当）
- ●200株：40枚（4,000円相当）
- ●1,000株：100枚（10,000円相当）
- ●2,000株：150枚（15,000円相当）

左記の条件に加え、9月30日および3月31日を基準日とする株主名簿に3回連続して200株以上の保有と記載された場合、継続保有株主優遇制度の対象となり上記に3000円が追加される

同社グループ店舗で利用できる株主優待券

●「丸亀製麺」などグループ店舗で使える優待食事割引カード（年2回）※継続保有株主優遇制度あり

かすみちゃんのお勧めPOINT

安くて店舗がたくさんある丸亀製麺で使えるのが嬉しいです。毎月1日の釜揚げうどん半額の日にも優待が使えます。金券から10円単位で使えるカード型優待に変更になり便利になりました。

日本マクドナルドHD

東証スタンダード（2702）

6月・12月

利回り 総 0.61%	配 0.61% / 優 —	PER 33.8倍 / PBR 4.02倍	1株配 42円 / 株価 6,860円

優待対象最低投資額 686,000円

優待条件

※優待食事券
- ●100～299株：1冊×年2回
- ●300～499株：3冊×年2回
- ●500株：5冊×年2回

（いずれも継続保有期間1年以上／新設基準）

マルクのお勧めPOINT

全国のマクドナルドで使え、バーガー、サイドメニュー、ドリンクと引き換えできるチケットが6枚ずつもらえます。ハッピーセットにも使えて子どもも大喜び。株価も比較的安定しています。

18枚が1冊になった優待食事券

●マクドナルドの優待食事券（バーガー類、サイドメニュー、ドリンクの商品お引換券が6枚ずつで1冊）

東和フードサービス

東証スタンダード（3329）

4月・10月

利回り 総 2.02% 配 0.85% 優 1.17%

PER 34.2倍　1株配 18円
PBR 2.68倍　株価 2,120円

優待対象最低投資額 **212,000円**

優待条件
※優待割引券（500円券）
- 100株：3枚（4月）+2枚（10月）
- 200株：4枚（4月）+3枚（10月）
- 400株：7枚（4月）+7枚（10月）
- 800株：14枚（4月）+14枚（10月）
- 2,400株：24枚（4月）+24枚（10月）
- 4,000株：36枚（4月）+36枚（10月）

優待割引券

●「椿屋珈琲」などグループ店舗で使える1枚500円相当の優待食事割引券が株数に応じて年2回もらえる

www9945のお勧めPOINT

優待券で、よく煮込んでいて美味しい椿屋珈琲のカレーセット（1,980円）を食べながら「あのフロア係のおねーさんはかわいい」などと妄想しています。土日午後の池袋店は満席！

F&LC

東証プライム（3563）

3月・9月

利回り 総 1.54% 配 0.78% 優 0.76%

PER 51.2倍　1株配 22.5円
PBR 4.59倍　株価 2,878円

優待対象最低投資額 **287,800円**

優待条件
※グループ店舗で使える株主割引優待券
- 100株：1,100円相当（×年2回）
- 200株：1,650円相当（×年2回）
- 400株：2,200円相当（×年2回）
- 800株：4,400円相当（×年2回）
- 2,000株：11,000円相当（×年2回）

株主割引優待券

●国内の「スシロー」、「鮨 酒 肴　杉玉」、京樽が運営する全ブランド（一部店舗を除く）で利用できる株主優待割引券

www9945のお勧めPOINT

回転寿司スシローで1,100円食べると550円割引券が使えます。無料券ならもっと便利かも。テイクアウトの「京樽」、大衆寿司居酒屋「鮨 酒 肴　杉玉」など、「寿司経済圏」構築中。

いろいろ選べる優待（ファミリー、独身者問わず）

もらえる商品が最初から決まっている優待は選択肢がないが、
カタログギフト券など自分で選べる優待が嬉しい。

本書で紹介している株主優待の条件・内容は、2024年3月末時点のものです。優待の内容は変更される場合がありますので、最新の詳しい情報を知りたい方は企業の公式サイトでご確認ください。利回りや配当、PER、PBRなどの指標は「株探」（https://kabutan.jp/）を参照しています

綿半HD

東証プライム（3199）　9月

利回り					優待対象最低投資額
総 2.74%	配 1.47%	PER 16.9倍	1株配 23円		156,500円
	優 1.27%	PBR 1.04倍	株価 1,565円		

優待条件

※自社オリジナル信州特産品（選択式）
- 100株：1点選択（2,000円相当）
- 300株：2点選択（4,000円相当）
- 1,000株：3点選択（6,000円相当）

（株式継続保有期間6カ月以上）

自社オリジナル信州特産品

●保有株式数に応じて選べる、2,000円相当の綿半オリジナル信州特産品

ようこりんのお勧めPOINT

2,000円相当の綿半オリジナル信州特産品からお米（長野県産コシヒカリ）5kgを選択。そのほかにもジュースや調味料、スイーツなど選択肢が10以上もあって、思わず迷ってしまいます。

クオールHD

東証プライム（3034）　3月

利回り					優待対象最低投資額
総 4.53%	配 1.70%	PER 10.6倍	1株配 30円		176,700円
	優 2.83%	PBR 1.28倍	株価 1,767円		

優待条件

※カタログギフト
- 100〜499株：カタログから好きな商品を1点（1年以上保有で2点）
- 500株：カタログから好きな商品を2点（1年以上保有で3点）

カタログギフト

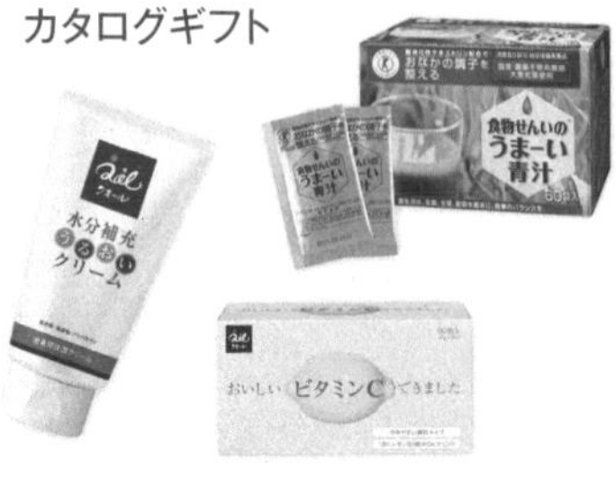

●同社グループのプライベートブランド商品を中心とした商品を選べるカタログギフト

ようこりんのお勧めPOINT

100株で自分や家族の化粧品下地かハンドクリームを選んでいます。そのほか青汁やサプリなど、調剤薬局ならではの商品が選べます。また、寄付をすることもできます。

ユナイテッド・スーパーマーケットHD

東証スタンダード (3222)

2月・8月

利回り 総7.58% 配1.60% 優5.98%

PER 183.0倍 1株配 16円
PBR 0.87倍 株価 1,002円

優待対象最低投資額 100,200円

優待条件
※①株主優待券、②優待品のどちらかを選択
- 100株 ： ①3,000円相当(×年2回)、②1品(×年2回)
- 500株 ： ①6,000円相当(×年2回)、②1品(×年2回)
- 1,000株：①10,000円相当(×年2回)、②1品(×年2回)
- 2,000株：①15,000円相当(×年2回)、②1品(×年2回)
- 3,000株：①18,000円相当(×年2回)、②1品(×年2回)
- 5,000株：①30,000円相当(×年2回)、②1品(×年2回)

優待券か優待品

●株数に応じ、半期ごとに「株主様ご優待券」(100円割引券)または優待品

マルクのお勧めPOINT

約100,000円で、マックスバリュ関東やマルエツ、カスミなどで使える割引券か、お得なギフトがもらえます。ギフトもラーメン、カレーの詰め合わせ、お米など、充実した内容です。

TOKAI HD

東証プライム (3167)

3月・9月

利回り 総4.25% 配3.24% 優1.01%

PER 15.2倍 1株配 32円
PBR 1.56倍 株価 988円

優待対象最低投資額 98,800円

優待条件
※以下の5コースから選べる株主優待
①同社グループ飲料水宅配サービス関連商品
②QUOカード
③同社グループ「ヴォーシエル」「葵」お食事券
④TLCポイント(同社グループ会員サービスのポイント)
⑤LIBMO(格安SIM/スマホサービス月額利用料割引)
- 100株、300株、5,000株と、保有株数によって①～⑤の金額(商品数)が変わる

5コースから選べる株主優待

●天然水、QUOカードなど5つの商品から選択

MURAのお勧めPOINT

優待は天然水やQUOカードなどが選べて汎用性が高いです。結婚式場共通婚礼10%割引券や、食事20%割引券も付いてきます。最低投資金額が低く配当利回り3%台と組み込みやすいのがいいですね。

昭文社HD

東証スタンダード (9475)

3月

利回り 総7.61% 配0.00% 優7.61%

PER 5.20倍 1株配 0円
PBR 0.60倍 株価 394円

優待条件
※自社出版の雑誌や書籍
- 100株で2冊選択

優待対象最低投資額 39,400円

MURAのお勧めPOINT

『まっぷる』や『まっぷるマガジン』で有名な同社の地図や旅行ガイドなど、自社書籍から2冊が選べる優待です。0歳から読める絵本や子ども向け書籍もあり、家族で楽しむことができます。

旅行を楽しむ優待（ファミリー、独身者問わず）

映画館や劇場に足を運んだり、家でゲームや動画を楽しんだり。
エンタメのいろいろな楽しみ方を満足させる優待銘柄です。

本書で紹介している株主優待の条件・内容は、2024年3月末時点のものです。優待の内容は変更される場合がありますので、最新の詳しい情報を知りたい方は企業の公式サイトでご確認ください。利回りや配当、PER、PBRなどの指標は「株探」（https://kabutan.jp/）を参照しています

リソル HD

東証プライム（5261）　3月

利回り	総 5.14%	配 1.47%	優 3.67%
PER 20.1倍	1株配 80円	PBR 2.00倍	株価 5,440円
優待対象最低投資額	544,000円		

優待条件

※RESOLファミリー商品券
- ●100株：10枚（20,000円分／年間）
- ●300株：15枚（30,000円分／年間）
- ●500株：20枚（40,000円分／年間）

かすみちゃんのお勧めPOINT

100株で20,000円分のRESOLファミリー商品券がもらえて、ホテルやゴルフ場、リゾート施設で使うことができます。20,000円分もらえると、無料で宿泊できるのが嬉しいです。

ホテルリソルトリニティ那覇

スパ&ゴルフリゾート久慈

●100株以上で株主カード1枚と、株数に応じたRESOLファミリー商品券

ワキタ

東証プライム（8125）　**2月**

利回り　総 10.16%　配 3.89%　優 6.27%

PER 25.4倍　1株配 62円
PBR 0.80倍　株価 1,593円

優待対象最低投資額 **159,300円**

優待条件
※ホテルコルディア利用券
- ●100株：10,000円分（1,000円券×10枚）
- ●300株：30,000円分（1,000円券×30枚）

●「ホテルコルディア大阪」「ホテルコルディア大阪本町」の宿泊に使える利用券

かすみちゃんのお勧めPOINT

利用券は、大阪にあるホテル「ホテルコルディア大阪」「ホテルコルディア大阪本町」で使えます。綺麗なホテルで泊まるのが楽しみです。300株で30,000円分もらえるので、300株購入しました。

東武鉄道

東証プライム（9001）　**3月・9月**

利回り　総 1.19%　配 1.19%　優 —

PER 17.4倍　1株配 45円
PBR 1.51倍　株価 3,781円

優待対象最低投資額 **378,100円**

優待条件
※電車全線優待乗車証（①回数券式、②定期券式）、③株主優待券
●100株　①2枚(3月のみ)、③1冊(3月のみ)
●200株以上～5,800株未満①は株数に応じた枚数が発行されます。③1冊
●5,800株　②1枚、③1冊
（継続保有3年以上:1,000株以上で①を4枚、5,800株以上で①を10枚追加発行）

株主ご優待券

●100株以上で株主優待乗車証+東京スカイツリー®など東武グループ各施設等で使える割引優待券

www9945のお勧めPOINT

200株で優待乗車証2枚と優待券1冊。東武鉄道で鬼怒川温泉を満喫したりしています。業績は運輸・ホテルが好調で売上・利益共にコロナ前に回復。インバウンドとベースアップで実質賃金プラスに復帰。

パルグループHD

東証プライム（2726）　**2月**

利回り　総 1.98%　配 1.98%　優 —

PER 18.1倍　1株配 50円
PBR 3.71倍　株価 2,596円

優待対象最低投資額 **259,600円**

優待条件
※優待宿泊割引券
- ●100株：2枚
- ●200株：4枚
- ●500株：6枚
- ●1,000株：10枚

ホテルの優待割引券

●1枚ごとに「鬼怒川温泉ホテル」など全国4軒宿泊施設のいずれかで利用できる株主限定の共通優待割引券

www9945のお勧めPOINT

2年前、パルグループの雑貨店「スリーコインズ」にJR上野駅中央改札横の最高の立地で若い女性が群がっていたのは衝撃的でした。高級な金谷ホテルですが、宿泊割引券でお得に利用しています。

サンフロンティア不動産

東証プライム（8934）　**3月**

利回り		PER 8.2倍	1株配 56円
総 3.37%	配 2.86% / 優 0.51%	PBR 1.07倍	株価 1,961円

優待対象最低投資額 **196,100円**

優待条件

※優待宿泊割引券（①1枚1,000円相当、②1枚5,000円相当）
- 100株：①1枚　●300株：②1枚　●500株：②2枚
（500株で株式継続保有期間3年以上は4枚）
- 1,000株：②4枚
（株式継続保有期間3年以上は8枚）

ようこりんのお勧めPOINT

お得感のある300株（5,000円分）からオススメ。私は500株で10,000円分。松本のホテルに優待を利用して泊まりましたが、キレイな上に到着1杯アルコールやコーヒーのサービス、朝食も美味しくて大満足！

優待宿泊割引券

東山を一望する専用レセプション

●「四条河原町温泉　空庭テラス京都 別邸」など同社グループのホテルで利用できる優待宿泊割引券

大和ハウス工業

東証プライム（1925）　**3月**

利回り		PER 11.0倍	1株配 140円
総 3.31%	配 3.09% / 優 0.22%	PBR 1.18倍	株価 4,528円

優待対象最低投資額 **452,800円**

優待条件

※株主優待券（1枚1,000円相当）
- 100株：1枚　●500株：5枚　●3,000株：30枚
- 300株：3枚　●1,000株：10枚　●5,000株：50枚

とりでみなみのお勧めPOINT

意外と知られていない優待。ダイワロイネットホテルズでも使える金券がもらえます。また保有株数に応じてもらえる金券が均等に増える珍しい株。大型株であり業績も安定しているため大量保有向きです。

優待共通利用券

●同社グループが運営するホテル、ゴルフ場などの施設や、株主優待専用グルメギフト、社会貢献活動にも利用可能な優待共通利用券

共立メンテナンス

東証プライム（9616）　**3月・9月**

利回り		PER 32.2倍	1株配 22円
総 1.20%	配 0.63% / 優 0.57%	PBR 3.35倍	株価 3,505円

優待対象最低投資額 **350,500円**

優待条件

※優待割引券(1枚1,000円相当)
100株以上～400株未満:1枚
400株以上～1,000株未満:3枚
1,000株以上～2,000株未満:8枚
2,000株以上～4,000株未満:15枚
4,000株以上～10,000株未満:25枚
10,000株以上:60枚

※リゾートホテル優待券
100株以上～200株未満:1枚
200株以上～1,000株未満:2枚
1,000株以上～2,000株未満:3枚
2,000株以上:10枚

とりでみなみのお勧めPOINT

大人気のホテル「ドーミーイン」の運営会社。保有株数に応じてもらえる1000円の割引券が増えるので、お好みで株数を選択してみては。何度も宿泊しているが23時までに宿に戻れず、いまだ夜鳴きそばにありつけず。

優待割引券

●株主優待割引券・リゾートホテル優待券（長期保有株主様には優待割引券追加）

トーセイ

東証プライム
(8923)

11月

利回り 総 4.16%	配 2.95%	PER 10.7倍	1株配 73円
	優 1.21%	PBR 1.46倍	株価 2,475円

優待対象最低投資額 247,500円

優待条件

※①優待宿泊割引券(3,000円相当)、②QUOカード
- 100株① 【株式継続保有期間1年未満】
- 100株①+②(1,000円分)【株式継続保有期間1年以上2年未満】
- 100株①+②(2,000円分)【株式継続保有期間2年以上5年未満】
- 100株①+②(3,000円分)【株式継続保有期間5年以上】

ホテル宿泊割引券と
オリジナルQUOカード

●100株以上で同社グループが保有・運営するホテルの宿泊割引券。株式継続保有期間1年以上で同社オリジナルQUOカード

かすみちゃんのお勧めPOINT

宿泊割引券は自社ホテルで使えます。前に鎌倉で宿泊しましたが、駅からすぐ近くで朝食も美味しかったです。1年以上継続保有でQUOカードが追加でもらえるので、長期保有がお得です。

東急不動産HD

東証プライム
(3289)

3月・9月

利回り 総 2.25%	配 2.25%	PER 13.9倍	1株配 28円
	優 —	PBR 1.20倍	株価 1,248.5円

優待対象最低投資額 124,850円

優待条件

①「ホテルハーヴェスト」で使えるご宿泊優待券
②リゾートホテル・東急ステイで使えるご宿泊優待共通券
③ゴルフ場・スキー場で使えるスポーツご優待共通券
④会員制シェアオフィス月額プラン優待券
⑤JR東日本グループ施設で使えるコラボ株主優待券
100株: ①1枚 ② 2枚③ 2枚 ④— ⑤—
500株: ①2枚 ② 4枚③ 4枚 ④1枚 ⑤3枚
1,000株:①4枚 ② 6枚③ 6枚 ④1枚 ⑤3枚
5,000株:①8枚 ②12枚③12枚 ④1枚 ⑤3枚
継続保有株主優遇制度
500株以上かつ3年以上保有されている株主さまが対象
最小株式数に応じて1pt=1円として利用可能なポイントを進呈
500株～ 2000pt(年1回)
1,000株～ 5000pt(年1回)
5,000株～ 13000pt(年2回)
10,000株～ 27000pt(年2回)
15,000株～ 42000pt(年2回)
20,000株～ 60000pt(年2回)
本制度対象かつ、
・10,000株以上保有の株主には、各種特典が受けけられる「こすもす会」入会資格付与
・5年以上保有の株主には、5年毎にポイントを1.5倍に割増して進呈

ようこりんのお勧めPOINT

2024年6月よりJR東日本とのコラボ優待を開始。業績が良い会社で株価も安いので、500株買って長期保有。3年間保有すると、株主向けウェブサイトで利用可能な株主優待ポイントがもらえ、全国の産直品やホテルやスポーツ施設の利用券(金券)と交換できます。

グループ施設で使える各種優待券

●100株以上で同グループ施設で利用可能な各種優待券がもらえ、さらに500株以上を3年間保有し続けると、よりお得な継続保有株主優遇制度の対象になる。

宿泊優待券／スポーツ優待共通券

サムティ

東証プライム（3244）

12月

利回り 総 3.09%	配 3.09% / 優 0.00%	PER 12.4倍 / PBR 1.24倍	1株配 94円 / 株価 2,805円

優待対象最低投資額 561,000円

優待条件

※同社グループのホテル宿泊無料チケット（1泊1名）

- 200株：1枚
- 300株：2枚
- 600株：3枚
- 1,000株：4枚
- 2,000株：6枚
- 5,000株：8枚
- 10,000株：10枚

www9945のお勧めPOINT

宿泊無料チケットは、東京・名古屋・大阪・京都など全国の同社ホテルで使えます。300株あると2枚もらえてお得。優待だけでなく、1株予想配当が94円と高利回りなのも魅力です。

ホテル宿泊無料チケット

●株数に応じ、同社グループのホテル宿泊無料チケット

小田急電鉄

東証プライム（9007）

3月・9月

利回り 総 1.06%	配 1.06% / 優 —	PER 10.2倍 / PBR 1.86倍	1株配 22円 / 株価 2,076円

優待対象最低投資額 1,038,000円

優待条件

※①小田急線全線で使える優待乗車証（きっぷ式）、②同じく優待乗車証（定期券式）、③小田急線全線と小田急バス全線に使える優待乗車証（定期券式）

- 500株：①4枚
- 1,500株：①10枚
- 2,500株：①20枚
- 3,500株：①30枚
- 5,000株：①40枚
- 10,000株：①80枚
- 15,000株：「①110枚」か「①30枚＋②1枚」のどちらかを選択
- 30,000株：「①140枚」「①60枚＋②1枚」「①30枚＋③1枚（小田急バスも利用可）」のどれかを選択（株式継続保有期間3年以上で追加贈呈あり）

ようこりんのお勧めPOINT

電鉄株はディフェンシブなので安心して保有できますし、大暴落のときにはチャンスなので買い増し予定です!優待の乗車券が素晴らしく、新宿〜小田原や箱根、江の島も行けるし、ホテルや施設の割引も受けられます‼

小田急電鉄・バスの優待乗車証（券）

●500株以上で小田急電鉄・小田急バスの株主優待乗車証・株主優待券。500株以上保有で小田急百貨店の買物割引券など

エンタメを楽しむ優待（ファミリー、独身者問わず）

映画館や劇場に足を運んだり、家でゲームや動画を楽しんだり。エンタメのいろいろな楽しみ方を満足させる優待銘柄です。

本書で紹介している株主優待の条件・内容は、2024年3月末時点のものです。優待の内容は変更される場合がありますので、最新の詳しい情報を知りたい方は企業の公式サイトでご確認ください。利回りや配当、PER、PBRなどの指標は「株探」（https://kabutan.jp/）を参照しています

サイバーエージェント

東証プライム（4751）　9月

利回り	総 3.88%	配 1.33%	優 2.55%
PER 71.2倍	1株配 15円	PBR 4.22倍	株価 1,126円

優待対象最低投資額 112,550円

優待条件
※「ABEMAプレミアム」利用料無料クーポン
- 100株：3カ月分
- 500株：12カ月分

「ABEMAプレミアム」が無料で見られる

●100株から「ABEMAプレミアム」利用料無料クーポン

www9945のお勧めPOINT

アベマTV視聴無料券は960円×12カ月＝11,520円の節約になります。メディア部門は競輪アプリが急成長し、赤字縮小。四半期単位で黒字転換が見えるまでに。そうすれば、株価急騰! を夢見ています。

U-NEXT HOLDINGS

東証プライム（9418）　2月・8月

利回り	総 0.85%	配 0.47%	優 0.38%
PER 26.3倍	1株配 25円	PBR 4.43倍	株価 5,300円

優待対象最低投資額 530,000円

優待条件
①「U-NEXT」で利用できるポイント
②「U-NEXT」の利用料
- 100株：①1,000円相当+②90日分
- 1,000株：②毎月1,800円相当+②1年分

「U-NEXT」の利用料

●100株以上で「U-NEXT」で利用できるポイントと、「U-NEXT」の利用料

www9945のお勧めPOINT

配信サービス無料、ポイントも月1,800円受け取れる1,000株保有がマスト。みずほ銀行からの運転資金借換えで財務安定。経営自由度高まる。電力難民企業を新電力部門が上手く拾いセグメント4位の利益額に。

パピレス

東証スタンダード（3641）

3月

利回り 総 13.25％ 配 1.10％ 優 12.15％

PER 20.5倍 1株配 10円
PBR 0.88倍 株価 905円

優待対象最低投資額 90,500円

優待条件
※ギフトコード（ポイント）
●100株：10,000ポイント

MURAのお勧めPOINT

電子書籍サイト「Renta!」で使える11,000円（税込）分のポイント。「Renta!」は新刊コミックの扱いもあり、品揃えも一般的な水準で利用しやすいです。優待利回りが10％近くと非常に高いのが魅力。

ギフトコード

●「Renta!」で利用可能な10,000ポイント（10,000円+消費税 相当）と交換可能なギフトコード

コシダカHD

東証プライム（2157）

8月

利回り 総 3.60％ 配 1.48％ 優 2.12％

PER 13.3倍 1株配 14円
PBR 3.01倍 株価 943円

優待対象最低投資額 94,300円

優待条件
※株主優待券
●100株：2,000円相当
●400株：5,000円相当
●1,000株：10,000円相当

【株式継続保有期間3年以上】
●100株：4,000円相当
●400株：10,000円相当
●1,000株：20,000円相当

かすみちゃんのお勧めPOINT

優待券は、カラオケ「まねきねこ」で使えます。「まねきねこ」は、ほとんどの店舗で飲食物の持ち込みが可能です。他の優待でもらったお菓子やドリンクを持ち込んで、お得にカラオケを楽しめます。

株主優待券

●同社が運営するカラオケ「まねきねこ」、ひとりカラオケ専門店「ワンカラ」、温浴施設で利用できる株主優待券

東京テアトル

東証スタンダード（9633）

3月・9月

利回り 総 0.89％ 配 0.89％ 優 ―

PER 53.7倍 1株配 10円
PBR 0.65倍 株価 1,121円

優待対象最低投資額 112,100円

優待条件
※グループ施設で使える優待映画鑑賞券の冊子 ①4枚綴り、②8枚綴り
●100株：①1冊
●200株：②1冊
●300株：①1冊＋②1冊
●400株：②2冊
●500株：①1冊＋②2冊
●1,000株：②4冊
●2,000株：②6冊

かすみちゃんのお勧めPOINT

約110,000円のお手頃価格で購入できて、年間8本の映画が無料で見られるのが嬉しいです。
通常映画は無料、3D上映も400円の追加で鑑賞することができます。映画好きで近くに映画館がある方にお勧めです。

優待映画観賞券の冊子

●100株以上「映画ご招待券」と「提示割引証」が綴られた「株主ご優待綴」

第一興商

東証プライム（7458）

3月・9月

利回り 総5.51％ 配2.94％ 優2.57％

PER 16.3倍　PBR 1.97倍　1株配 57円　株価 1,938.5円

優待対象最低投資額 387,700円

優待条件

※株主優待券（①か②を選択）
①「ビッグエコー」などのグループ店舗で使える優待利用割引券（1枚500円相当）、②アルバムCDと交換
●200株：①10枚綴り1冊、②CD1枚
●2,000株：①25枚綴り1冊、②CD2枚

優待利用割引券

●カラオケルーム「ビッグエコー」や「カラオケマック」「楽蔵」「ウメ子の家」「じぶんどき」等の飲食店舗で使える優待券か、CDとの交換

かすみちゃんのお勧めPOINT

優待券は、カラオケ「ビッグエコー」や、同社の外食店舗で使えます。ランチ利用なら1,000円程度で食べられるのでお得です。有楽町にある「銀座珈琲店」が雰囲気が良くお勧めです。

名古屋鉄道

東証プライム（9048）

3月・9月

利回り 総1.15％ 配1.15％ 優—

PER 19.3倍　PBR 0.99倍　1株配 25円　株価 2,166円

優待対象最低投資額 433,200円

優待条件

※ ①電車線片道乗車証、②電車・名鉄バス全線乗車証、③株主優待券
●200株：③（電車線株主招待乗車証4枚及び自社レジャー施設やホテルなどの招待券や割引券／3月末現在の株主のみ）
●600株：①2枚
●1,000株：①6枚
●2,000株：①12枚
●3,000株：①18枚
●4,000株：①24枚
●5,000株：①30枚
●6,000株：①36枚
●7,000株：①42枚
●8,000株：②1枚
●20,000株：②2枚
●100,000株：②5枚
●200,000株：②10枚

乗車券や施設の割引券など

●200株以上保有の株主全員に年1回電車線株主招待乗車証4枚と株主優待券。600株以上で年2回電車線片道乗車証、8,000株以上で年2回、電車・名鉄バス全線乗車

ようこりんのお勧めPOINT

200株で乗車券4枚に加え、名鉄グループの各種施設の割引券がもらえてお得。愛知県では有名な「リトルワールド」などのテーマパーク無料券も6枚、「博物館 明治村」の入村料半額券などももらえます。

オリエンタルランド

東証プライム（4661）

3月・9月

利回り 総0.55％ 配0.23％ 優0.32％

PER 75.5倍　PBR 8.56倍　1株配 11円　株価 4,849円

優待対象最低投資額 2,424,500円

優待条件

※1デー（1日）パスポート
●500株：1枚（3月末のみ）
●2,000株：1枚（3月末、9月末）
●4,000株：2枚（3月末、9月末）
●6,000株：3枚（3月末、9月末）
●8,000株：4枚（3月末、9月末）
●10,000株：5枚（3月末、9月末）
●12,000株：6枚（3月末、9月末）

※株式継続保有期間3年以上
●100株：1枚を追加贈呈

●500株以上で「東京ディズニーランド」または「東京ディズニーシー」で利用できる1デー（1日）パスポート券

マルクのお勧めPOINT

500株で1デーパスポート1枚と優待利回りは悪く、配当利回りも高くないですが、業績の良さと株価の安定性が魅力的です。何より、夢もあってワクワクさせてくれるのがいいですね。

美容と健康で自分を磨く優待（主に独身・既婚女性向け）

女性にとってコスメなど美容に役立つ優待は楽しみの一つ。
高級なブランド化粧品も優待でお得にゲットしましょう。

本書で紹介している株主優待の条件・内容は、2024年3月末時点のものです。優待の内容は変更される場合がありますので、最新の詳しい情報を知りたい方は企業の公式サイトでご確認ください。利回りや配当、PER、PBRなどの指標は「株探」（https://kabutan.jp/）を参照しています

AFC－HDアムスライフサイエンス

東証スタンダード（2927）

2月・8月

利回り 総 35.48%　配 3.23%　優 32.25%

PER 11.6倍　1株配 30円
PBR 0.98倍　株価 930円

優待対象最低投資額 93,000円

優待条件

※優待割引券など
①通販カタログで使える割引券（1枚2,500円相当）、
②通販カタログで使える商品引換券（1枚5,000円相当）
③食事割引券（1枚500円相当）、
④食事利用券（1枚500円相当）、⑤旅行券（1枚5,000円相当）

- 100株：①2枚+③10枚+⑤1枚
- 1,000株：①2枚+②1枚+④10枚+⑤2枚
- 2,000株：①2枚+②2枚+④10枚+⑤2枚
- 3,000株：①2枚+②3枚+④10枚+⑤2枚

ようこりんのお勧めPOINT

シャンプーやボディシャンプーが好きで、工場も見てきましたが、添加物も天然にこだわった良い商品が多いです！ これで食事券や旅行券も全部使ったら脅威の利回り！ ワクワクも美容も手に入る、完璧な優待です！

カタログギフトや食事券、旅行券

●AFC通販カタログ「健康情報誌:げんきあっぷきれいあっぷ」より選択できる商品割引券、引換券など

マンダム

東証プライム（4917）　**3月**

利回り		
総 2.96％	配 2.96％	優 —

PER	27.6倍	1株配	40円
PBR	0.89倍	株価	1,350円

優待対象最低投資額 **135,000円**

優待条件

※自社製品の詰め合わせ
●100株：1セット
（株式継続保有期間1年以上）

自社製品の詰め合わせ

●「ギャツビー」をはじめ男性ブランドの洗顔料や、女性ブランドの商品も含めた詰め合わせ

ようこりんのお勧めPOINT

100株でパパ、息子用の洗顔料、洗顔シート、化粧水などが入った商品の詰め合わせがもらえます。女性用の化粧品優待はたくさんありますが、男性用の化粧品がもらえるのは助かります。

ファンケル

東証プライム（4921）　**3月**

利回り		
総 3.19％	配 1.70％	優 1.49％

PER	28.5倍	1株配	34円
PBR	3.10倍	株価	2,003円

優待対象最低投資額 **200,300円**

優待条件

※①株主優待カタログ
②「ファンケル 銀座スクエア」利用券
③寄付
●100株：①、②、③のいずれか1点（3,000円相当）
●200株：①、②、③のいずれか2点（6,000円相当）

●100株以上で当社製品、寄付参加、「ファンケル 銀座スクエア」利用券のいずれかを選択

MURAのお勧めPOINT

コスメやサプリメントなどさまざまな同社製品3,000円相当をカタログから選べます。人気のクレンジングオイルやカロリミットも入手可能。「ファンケル 銀座スクエア」での買物にも使えます。

ナック

東証プライム（9788）　**3月**

利回り		
総 12.68％	配 3.89％	優 8.79％

PER	10.6倍	1株配	21円
PBR	1.05倍	株価	540円

優待対象最低投資額 **54,000円**

優待条件

※同社ブランド化粧品
①薬用マイクロバブルローション（100ml）（4,750円）
②マイクロバブルフォーム（140ml）（3,725円）
③マイクロバブルパック&セラム（35g）（6,225円）
●100株：①1点　●300株：①1点＋②1点　●500株：①1点＋②1点＋③1点

同社ブランド化粧品

●100株以上で同社グループが展開する化粧品ブランド「MACCHIA LABEL（マキアレイベル）」からヒット商品を贈呈

ようこりんのお勧めPOINT

株式2分割で優待拡充！ 100株で4,000円以上する基礎化粧品がもらえます！ もちろん買い増しすれば化粧品の中身が充実。業績も安定しているし、配当も良いので我が家は家族で保有しようと思います。

ハウス オブ ローゼ

東証スタンダード
（7506）

3月

利回り				
総 3.43%	配 1.56%	PER 74.6倍	1株配 25円	優待対象最低投資額 160,200円
	優 1.87%	PBR 1.32倍	株価 1,602円	

優待条件

※自社製品
- ●100株：3,000円相当
- ●1,000株：10,000円相当

自社製品

●100株以上で自社製品（バス&ボディケアセット）

MURAのお勧めPOINT

自然志向のバス&ボディケアセット。中身は入浴剤、ボディソープ、ハンドクリームなど。見た目も華やかで毎年内容が変わるため、着いたら開けるのが楽しい優待です。

ポーラ・オルビスHD

東証プライム
（4927）

12月

利回り				
総 4.61%	配 3.58%	PER 27.7倍	1株配 52円	優待対象最低投資額 145,150円
	優 1.03%	PBR 1.91倍	株価 1,452円	

優待条件

※株主優待ポイント（1ポイント100円相当）
- ●100株：15ポイント
- ●400株：60ポイント
- ●1,200株：80ポイント
- ●2,000株：100ポイント

【株式継続保有期間3年以上】
- ●100株：35ポイント
- ●400株：80ポイント
- ●1,200株：100ポイント
- ●2,000株：120ポイント

MURAのお勧めPOINT

ポーラ、オルビスの化粧品が選べる優待。100株で1500円相当のポイントがもらえます。配当利回り3%台かつ3年保有で優待ポイントが大きく増えるのも魅力なので、長期で保有したい銘柄です。

株主優待ポイント

●付与された優待ポイントに応じて、株主優待カタログ掲載の同社グループ商品などから好きな商品と交換
※写真は2023年度商品ラインナップのイメージ（商品ラインナップは毎年変わります）

MTG

東証グロース
（7806）

9月

利回り　総 2.43%　配 0.61%　優 1.82%

PER 32.4倍　1株配 10円
PBR 1.53倍　株価 1,643円

優待対象
最低投資額 **164,300円**

優待条件
※優待ポイント（1ポイント＝1円）
- 100株：6,000ポイント
- 500株：40,000ポイント
- 1,000株：50,000ポイント
- 5,000株：60,000ポイント
- 10,000株：70,000ポイント

※2023年9月30日現在の
株主優待例

●保有株式数に応じて、MTG公式オンラインショップで使えるポイントがもらえる

とりでみなみのお勧めPOINT

美容ブランド「リファ」やトレーニンググッズの「シックスパッド」などを展開。買うなら500株からがお得。半年保有で40,000円分のポイントがもらえます。シャンプーヘッドは一度使うともう元の生活には戻れません。

森下仁丹

東証スタンダード
（4524）

3月

利回り　総 3.44%　配 2.03%　優 1.41%

PER 12.6倍　1株配 50円
PBR 0.84倍　株価 2,469円

優待対象
最低投資額 **246,900円**

優待条件
- 100株以上：3,500円相当の自社製品
- 200株以上：7,000円相当の自社製品詰め合わせ
  または社会貢献団体への寄付
- 400株以上：7,000円相当の自社製品詰め合わせ
  または社会貢献団体への寄付
  ＋3,000円相当の自社製品

自社製品と自社製品の詰め合わせ

写真は株主優待内容の一例で、イメージです。

100株以上で自社製品、200株以上で自社製品の詰め合わせコースから選択または寄付

とりでみなみのお勧めPOINT

仁丹が有名。カプセル技術に特徴があり、健康サプリ事業にも注力。サプリは相性があるため優待で試せるのが良。個人的には優待がきっかけでビフィズス菌サプリの「ビフィーナ」と「鼻・のど甜茶飴」は定期購入中です。

プレミアアンチエイジング

東証グロース
（4934）

7月

利回り　総 4.51%　配 0.00%　優 4.51%

PER ―　1株配 0円
PBR 1.26倍　株価 886円

優待対象
最低投資額 **88,600円**

優待条件
※自社商品
- 100株：4,000円相当

自社商品

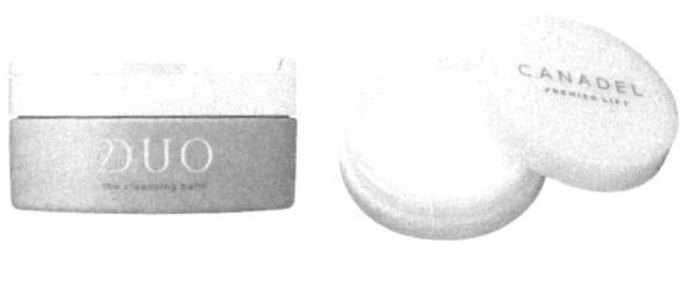

2023年7月の優待品

●100株以上で自社商品4,000円相当分のセット

MURAのお勧めPOINT

主に「DUO」および「CANADEL」ブランドシリーズの化粧品製造・販売を行っている同社の優待は、100株以上でSNSなどで人気のクレンジングバームなど自社商品4,000円相当分のセットです。

テーオーシー

東証スタンダード（8841） 3月

利回り 総 1.38%　配 1.38%　優 —

PER 14.5倍　1株配 10円

PBR 0.67倍　株価 726円

優待対象最低投資額 363,000円

優待条件

※①ビューティーサポートセット
②クマザサシリーズセット（健康食品）
③「浅草ROXまつり湯」招待券（4枚）
●500株：①～③から1点選択
●1,500株：①～③から2点選択

ビューティーサポートセットなど

●ビューティーサポートセット、健康食品、「浅草ROXまつり湯」招待券などから株数に応じて選択

www9945のお勧めPOINT

健康ランドの「浅草ROXまつり湯」の無料券4枚×2,750円＝11,000円分もらえる。漫画コーナーでゴゴロするのが好き。2024年は五反田TOCビル閉店に伴い、賃料激減で赤字転落。26年から本格稼働。

サンドラッグ

東証プライム（9989） 3月

利回り 総 2.86%　配 2.44%　優 0.42%

PER 20.1倍　1株配 114円

PBR 2.21倍　株価 4,667円

優待対象最低投資額 466,700円

優待条件

※①同社プライベートブランド無料引換券（12種類の中から1種類を選択）
②優待券2,000円分
●100株以上で①＋②

●100株以上で同社プライベートブランド無料引換券（12種類の中から1種類を選択）と優待券2,000円分

www9945のお勧めPOINT

100株で買物2,000円割引券＋自社PB商品。自分はお気に入りの選択品のシャンプー＋リンスでサラサラ髪に。関西強化でキリン堂持分化。ディスカウントストアのダイレックスは食品が安いです。

スポーツを楽しむ優待（ファミリー、独身者問わず）

ジムで身体を鍛えたり、スポーツを観戦したり。
スポーツ好きにはたまらない、優待銘柄です。

本書で紹介している株主優待の条件・内容は、2024年3月末時点のものです。優待の内容は変更される場合がありますので、最新の詳しい情報を知りたい方は企業の公式サイトでご確認ください。利回りや配当、PER、PBRなどの指標は「株探」（https://kabutan.jp/）を参照しています

アルペン

東証プライム（3028）　6月・12月

利回り　総 4.46%　配 2.48%　優 1.98%

PER 74.6倍　1株配 50円
PBR 0.67倍　株価 2,014円

優待対象最低投資額 201,400円

優待条件
※株主優待券（×年2回）
●100株：2,000円相当
●500株：5,000円相当
●1,000株：7,500円相当

MURAのお勧めPOINT

アルペングループが運営する全国のスポーツ専門店、フィットネスクラブ、キャンプ場、スキー場、ゴルフ場などで使える商品券。ほぼどんなスポーツをする場合でも使い道があるため、スポーツ好きはぜひ揃えたい優待。

スキー場などで使える株主優待券

●同社が運営するフィットネスクラブ、スキー場、ゴルフ場などの各種施設で利用できる優待券（100株以上、年2回）

ルネサンス

東証プライム（2378）　3月・9月

利回り　総 0.97%　配 0.97%　優 —

PER 30.8倍　1株配 10円
PBR 2.17倍　株価 1,030円

優待対象最低投資額 103,000円

優待条件
※グループ施設で使える株主優待券
●100株：2枚
（以降、100株ごとに2枚追加）
●500株以上：一律10枚

ようこりんのお勧めPOINT

私が優待を使ったルネサンスでは、ホットヨガ等の参加もできるし、バスタオル、トレーニングウエア、靴もレンタルが無料！ お風呂もホテルの大浴場みたいだし、ドレッサーもラウンジもVIPクラス！

施設が利用できる優待券

●ルネサンスやオアシスの施設を無料で利用できたり、プロショップの買物が20%割引になるなどの特典がある優待券

ファッションにこだわる優待（男性、女性問わず）

スーツ、カジュアル、メガネなど、さまざまな場面で
コーディネートできるファッション用品が手に入ります。

本書で紹介している株主優待の条件・内容は、2024年3月末時点のものです。優待の内容は変更される場合がありますので、最新の詳しい情報を知りたい方は企業の公式サイトでご確認ください。利回りや配当、PER、PBRなどの指標は「株探」（https://kabutan.jp/）を参照しています

ハニーズHD

東証プライム（2792）　5月

利回り　総 4.76％　配 3.08％　優 1.68％

PER 10.3倍　1株配 55円
PBR 1.19倍　株価 1,780円

優待対象最低投資額 178,000円

優待条件

※株主優待券（株式継続保有期間1年以上）
- 100株：3,000円（500円券、6枚綴り）
- 300株：5,000円（500円券、10枚綴り）
- 500株：7,000円（500円券、14枚綴り）
- 1,000株以上：10,000円（500円券、20枚綴り）

ようこりんのお勧めPOINT

100株で3,000円分の優待券がもらえるので、全国にあるハニーズの系列店で自分か家族の服かバッグ、もしくは下着も購入しています。優待、配当を合わせた総利回りも魅力です。

株主優待券

●株式継続保有期間1年以上の株主に、ハニーズの系列店で使える株主優待券

バロックジャパンリミテッド

東証プライム（3548）　2月・8月

利回り　総 10.26％　配 5.00％　優 5.26％

PER 27.3倍　1株配 38円
PBR 1.38倍　株価 760円

優待対象最低投資額 76,000円

優待条件

※同社店舗・通販サイトで使える2,000円分のクーポン
- 100株：1枚（2月）、1枚（8月）
- 200株：2枚（2月）、1枚（8月）
- 500株：2枚（2月）、2枚（8月）

ようこりんのお勧めPOINT

配当が良いし優待も増えることから、200株保有しています。200株で年間6,000円分のクーポンがもらえるので、パパか息子の服や靴下などを購入。クーポンは店舗でも通販でも使えます。

優待クーポン

●同社店舗（一部除く）と通販サイト「SHEL'TTER WEBSTORE」で使える2,000円分のクーポン

はるやまHD

東証スタンダード（7416）　3月

利回り　総 2.48%　配 2.48%　優 ―

PER	204倍	1株配	15.5円
PBR	0.46倍	株価	626円

優待対象最低投資額 62,600円

優待条件

※①グループ店舗で使える20%割引券、②6,600円（税込）までの対象商品に使える商品贈呈券。（株式継続保有期間1年以上）

- 100株：①2枚　●100株：①2枚＋②1枚
- 1,000株：①6枚　●1,000株：①6枚＋②1枚
- 3,000株：①10枚　●3,000株：①10枚＋②1枚

マルクのお勧めPOINT

100株購入しても7万円以下の投資で割引券、1年以上保有していればネクタイまたはワイシャツなどの贈呈券がもらえるので、サラリーマンにはかなりgoodな優待です。

割引券と商品贈呈券

●100株以上で「はるやま」などグループ店舗で使える20%割引券。1年以上の長期保有で商品贈呈券ももらえる

サックスバーHD

東証プライム（9990）　3月

利回り　総 5.68%　配 3.41%　優 2.27%

PER	10.4倍	1株配	30円
PBR	0.95倍	株価	879円

優待対象最低投資額 87,900円

優待条件

※株主優待割引券かオリジナル商品

①同社店舗または直営通販サイトで使える優待買物割引券

②自社グループのオリジナル商品（選択式）

- 100株：①2,000円相当
- 1,000株：②10,000円相当

www9945のお勧めPOINT

1,000株以上で10,000円相当4品のうち1品選択。昔、長財布を選んだら、とても質が良く、以来ここで買っています。旅行用キャスターも軽くて良い。イオンモール内店舗は、レイアウトが今一つかも。

株主優待割引券かオリジナル商品

●株数に応じ、同社店舗または直営通販サイトで使える優待買物割引券かオリジナル商品（優待品は毎年変更）

コラントッテ

東証グロース（7792）　9月

利回り　総 5.67%　配 2.40%　優 3.27%

PER	10.3倍	1株配	22円
PBR	2.42倍	株価	917円

優待対象最低投資額 91,700円

優待条件

※以下より選択　①ECサイトで利用できる割引クーポン、②カタログ掲載商品の割引購入、③社会貢献活動への寄付

- 100株：①～③（各3,000円相当）から1点選択
- 500株：①～③（各6,000円相当）から1点選択
- 1,000株：①～③（各10,000円相当）から1点選択

www9945のお勧めPOINT

健康磁気ネックレスはスケートの宇野昌磨選手も愛用。私も背中と肩のガチガチが緩和しました。磁気下着やサポーターで常連客を、ネックレスは企業提携で客層拡大を狙っているようです。

割引クーポンなど

●①ECサイトで利用できる割引クーポン、②カタログ掲載商品の割引購入、③社会貢献活動への寄付の3コースから選択

オンワードHD

東証プライム（8016）　2月

利回り　総 3.50％　配 3.50％　優 —

PER 11.8倍　1株配 20円

PBR 1.00倍　株価 571円

優待対象最低投資額　57,100円

優待条件
※①同社ECサイト取扱商品の買物割引券（20％割引／1年以上保有）
②自社製品（ギフトカタログ）
●100株：①6枚
●1,000株：①6枚+②（3,000円相当）
●5,000株：①6枚+②（10,000円相当）

●当社グループ公式通販サイト「オンワード・クローゼット」の取扱商品の買物割引券（20％割引）と自社商品

MURAのお勧めPOINT

ファッション通販「オンワード・クローゼット」で使える割引券。ポール・スミスなど海外ブランドから23区などオリジナルブランドまで、メンズ・ウィメンズ取り扱いあり。セール時の優待併用でお得に買い物できます。

ユナイテッドアローズ

東証プライム（7606）　3月

利回り　総 2.76％　配 2.76％　優 —

PER 11.4倍　1株配 55円

PBR 1.60倍　株価 1,992円

優待対象最低投資額　199,200円

優待条件
※優待買物割引券（15％割引）
●100株：2枚
●200株：4枚
●500株：6枚
●1,000株：10枚

優待買物割引券

●（株）ユナイテッドアローズが展開する店舗および通販サイトで使える15％割引の株主優待券

マルクのお勧めPOINT

100株で、同社の店舗や通販サイト「ユナイテッドアローズ オンライン」で買い物をする際の15％割引券が2枚もらえます。ハイブランドなど買う場合、かなりの割引額になるのでオトクです。

ジンズ HD

東証プライム（3046）　8月

利回り　総 2.97％　配 0.93％　優 2.04％

PER 33.2倍　1株配 41円

PBR 4.73倍　株価 4,410円

優待対象最低投資額　441,000円

優待条件
※株主優待券
●100株：1枚（9,000円+税分）

買物割引券

¥9,000 + tax
Shareholder benefit voucher
JINS Holdings Inc.
J!NS

●同社グループ直営アイウエアショップで利用できる買物割引券。クーポンコードを入力してJINSオンラインショップでの利用も可

マルクのお勧めPOINT

約450,000円の投資で9,000円（税別）相当の買い物券がもらえます。国内のJINSなど同社グループ直営アイウエアショップで利用でき、メガネはもちろん、コンタクトにも使えます。

限定品がもらえる優待（ファミリー、独身者問わず）

ショップでは買えない限定品がもらえるのも株主優待の楽しみの一つ。自分だけの限定品を見つけて株主気分を満喫しましょう。

本書で紹介している株主優待の条件・内容は、2024年3月末時点のものです。優待の内容は変更される場合がありますので、最新の詳しい情報を知りたい方は企業の公式サイトでご確認ください。利回りや配当、PER、PBRなどの指標は「株探」（https://kabutan.jp/）を参照しています

タカラトミー

東証プライム（7867）　3月・9月

利回り　総 1.87％　配 1.52％　優 0.35％

PER 27.1倍　1株配 43円
PBR 2.56倍　株価 2,814円

優待対象最低投資額 281,350円

優待条件

※オリジナル「トミカ」セットなど（×年1回）
①オリジナル「トミカ」
②オリジナル「リカちゃん」
●100株：①2台
●500株：①4台
●1,000株：①4台＋②1体

※公式通販サイトで使える優待割引クーポン（×年2回）
●100：10%割引
●100株：30%割引（株式継続保有期間1年以上）
●100株：40%割引（株式継続保有期間3年以上）

オリジナル品

© TOMY

●年1回のオリジナル「トミカ」「リカちゃん」

MURAのお勧めPOINT

オリジナル品優待といえばタカラトミー。100株以上でオリジナル「トミカ」、1,000株以上でオリジナル「リカちゃん」。お子様が喜ぶのはもちろん、大人もオリジナル品コレクションとして保管したいですね。

コマツ

東証プライム（6301）　3月

利回り　総 3.25％　配 3.25％　優 —

PER 12.2倍　1株配 144円
PBR 1.46倍　株価 4,423円

優待対象最低投資額 1,326,900円

優待条件

※オリジナルミニチュア（非売品）
●300株：1点
（株式継続保有期間3年以上）

●300株（株式継続保有期間3年以上）で非売品のオリジナルミニチュア

MURAのお勧めPOINT

ブルドーザーなどの建設機械メーカーである同社の優待は、なんと自社製品である建設機械のオリジナルミニチュア。毎年新機種がリリースする完全限定品ですが、300株を3年以上保有とハードルも高めです。

タマホーム

東証プライム（1419）　5月・11月

利回り		PER 14.3倍	1株配 185円	優待対象最低投資額
総 4.29％	配 4.07％ / 優 0.22％	PBR 4.18倍	株価 4,540円	454,000円

優待条件
※オリジナルQUOカード（×年2回）
●100株：500円相当
●100株：1,000円相当（株式継続保有期間3年以上）

●株主限定の特製QUOカード

かすみちゃんのお勧めPOINT

同社CMに出演している有名人のオリジナルQUOカード。今までにサンドウィッチマン、松平健さんなどもらえて嬉しかったです。毎回柄が変わるので、どんなQUOカードが届くのか楽しみです。配当金の185円も魅力。

東映アニメーション

東証スタンダード（4816）　3月

利回り		PER 40.9倍	1株配 22.8円	優待対象最低投資額
総 1.12％	配 0.74％ / 優 0.38％	PBR 5.06倍	株価 3,100円	310,000円

優待条件
※キャラクターQUOカード（1枚300円相当、4枚1,200円相当で1セット）
●100株：1セット
●300株：2セット
●500株：3セット
●1,000株：5セット
●3,000株：8セット
●5,000株：10セット
●10,000株：12セット

www9945のお勧めPOINT

100株以上で1,200円相当の限定キャラQUOカード。ドラゴンボール、ワンピース、プリキュアの版権で利益の半分以上を稼いでいます。2024年2月、大株主の株売り出しでなんとか上場基準を維持しています。

キャラクターQUOカード

2024年3月期 株主優待限定
キャラクターQUOカード

新作
「わんだふるぷりきゅあ!」

新作
「ワンピース」

名作
「魔法のマコちゃん」

名作
「グレートマジンガー対ゲッターロボG
空中大激突」

限定品といえば「タカラトミー」

今回登場する優待投資家から人気の高かった
タカラトミー(7867)についてのコメントを追加で紹介します

株主限定オリジナルの「トミカ」がもらえます。
毎年デザインが違うので、
コレクションしている人も多いです。
1,000株以上でもらえる
オリジナルの「リカちゃん人形」も女性に人気です。

かすみちゃん

「トミカ」をはじめ、「リカちゃん」や
「プラレール」「ポケモン」などの玩具大手。
1,000株持てれば株主優待としてトミカ4台に加え
優待限定のリカちゃんが1体届く。
我が家はリカちゃんだらけになっているが、
さてどうしたものか。

とりでみなみ

これぞ、限定品!!

毎年、100株から株主のために作った
トミカがセットでもらえる!
1,000株以上なら毎年リカちゃんも付いてくる!

実は、去年までは2,000株以上でないとりかちゃんはもらえなかったから、かなりの優待拡充です!(私は10年程前から2,000株ガチホしていました。必ず、2,000円以上の株価になると思っていたら現実にかなって1,000株は恩株で残して残り1,000株はゆっくり売っています)。配当も業績が良いと増やしてくれる会社なので大好きです!「タカラトミーモール」優待割引も優待の一つです! 最高、3年以上保有株主なら40%割引で買えるのは嬉しいですよね!!

ようこりん

身近で安く手に入る優待（ファミリー、独身者問わず）

100,000円以下の投資でも
株主優待がもらえるコスパの高い銘柄をピックアップしてご紹介します。

本書で紹介している株主優待の条件・内容は、2024年3月末時点のものです。優待の内容は変更される場合がありますので、最新の詳しい情報を知りたい方は企業の公式サイトでご確認ください。利回りや配当、PER、PBRなどの指標は「株探」（https://kabutan.jp/）を参照しています

北の達人コーポレーション

東証プライム（2930）　2月

利回り		PER	1株配	優待対象最低投資額
総 24.63%	配 1.02%	PER 30.6倍	1株配 2.1円	20,600円
	優 23.61%	PBR 4.25倍	株価 206円	

優待条件

※まぶた特化型美容ジェル「リッドキララ」
- 100株：1個（4,864円相当）

かすみちゃんのお勧めPOINT

100株 20,000円台のお手頃価格で、優待はまぶたのたるみを引き上げるまぶた特化型美容ジェル「リッドキララ」（4,864円相当）がもらえます。利回りが高いのでオススメです。有利子負債0で安心感もあります。

株主優待品

●まぶた特化型美容ジェル「リッドキララ」（約1カ月分、税込4,864円）1個が年1回もらえる

日本電信電話

東証プライム（9432）　3月

利回り		PER	1株配	優待対象最低投資額
総 11.12%	配 2.78%	PER 12.0倍	1株配 5円	17,980円
	優 8.34%	PBR 1.64倍	株価 180円	

優待条件

※dポイント（1ポイント1円相当）
- 100株：1,500ポイント（2年以上3年未満保有）
- 100株：3,000ポイント（5年以上6年未満保有）

※基準日時点での株式保有（毎年進呈ではない）

かすみちゃんのお勧めPOINT

2023年7月の株式分割により、20,000円以下で100株買えてdポイントがもらえるようになったお得な優待です。有名企業の株がお手頃価格で購入できるので、優待初心者の方の入門株としてオススメです。

dポイント

●同社株式の保有期間に応じてdポイントがもらえる

fantasista

東証スタンダード（1783）　9月

利回り　総 ― 　配 ― 　優 ―

PER 7.8倍　1株配 0円
PBR 1.28倍　株価 46円

優待対象最低投資額 4,600円

優待条件
※サプリメント
●100株：1点（60カプセル入）

●ネオファーマジャパン製 5-アミノレブリン酸（5-ALA）配合サプリメント

ようこりんのお勧めPOINT

優待は、1回もらえばタダ株になりそうな値段のサプリメントボトル 60カプセル入り1本！　細胞のエネルギー工場のミトコンドリアの活性化に働きかけるようで免疫力や若返りにも役立つようです。

小僧寿し

東証スタンダード（9973）　12月

利回り　総 27.77%　配 0.00%　優 27.77%

PER ―　1株配 0円
PBR 14.52倍　株価 18円

優待対象最低投資額 1,800円

優待条件
※グループ店舗とECサイトで使える優待券
●100株：500円相当　●10,000株：2,000円相当
●1,000株：1,000円相当　●50,000株：5,000円相当

●小僧寿しなど同社グループチェーン、ECで利用可能な優待券

www9945のお勧めPOINT

100株以上500円相当。小僧寿しアプリを介して店舗、ECで利用可。4期連続赤字ですが、2024年12月予想は5,000万円まで赤字縮小。吉野家から回転寿司F&LC傘下に入り、寿司連合の相乗効果に期待。

小林洋行

東証スタンダード（8742）　3月

利回り　総 1.13%　配 1.13%　優 ―

PER ―　1株配 5円
PBR 0.59倍　株価 444円

優待対象最低投資額 44,400円

優待条件
※おこめ券
（株式継続保有期間1年以上）
●100株：2枚
●1,000株：5枚

●100株以上で株数に応じて全国共通お米券

www9945のお勧めPOINT

40,000円台の投資でお米券2枚（約880円）もらえます。証拠金取引の高変動率や不動産の多角化が効いて2023年は黒字転換（意外!）。2.5円増配予想。継続疑義企業ですがPBRは0.54倍台と低いです。

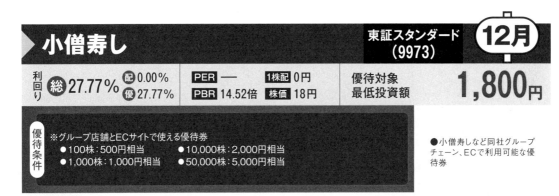

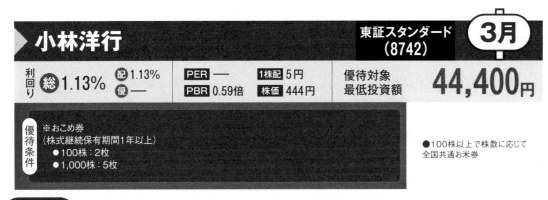

ラストワンマイル

東証スタンダード（9252）

2月・8月

利回り　総 28.57％　配 0.00％　優 28.57％

PER 35.0倍　1株配 0円
PBR 6.53倍　株価 3,500円

優待対象最低投資額 **3,500円**

優待条件
※Amazonギフトカード（×年2回）
（株式継続保有期間6カ月以上）
●1株：1,000円相当
●100株：5,000円相当

●1株から、株式継続保有期間6カ月以上の株主は、株数に応じてAmazonギフトカードがもらえる

www9945のお勧めPOINT

1株以上を8月、2月の半年継続の株主のみAmazonギフトカード1,000円分がもらえます。3,500円投資で1,000円。利回り約30%。プレミアムウォーターが40%の株主。宅配水が共通項ですね。

ティアック

東証スタンダード（6803）

3月

利回り　総 0.99％　配 0.99％　優 —

PER 9.1倍　1株配 1円
PBR 0.93倍　株価 101円

優待対象最低投資額 **10,100円**

優待条件
※優待買物割引クーポン（20%割引・年間5回まで）
●100株：1枚

買物割引クーポン

●同社ECサイト（ティアックストア）で利用できる20%割引クーポン（有効期間中に5回使用可能）

www9945のお勧めPOINT

10,100円投資で、自社ECサイトの20%割引クーポンがもらえます。音楽制作機器が回復して2023年に1円復配。良い意味でしぶとい。利益率低いですが2018年以来黒字が定着しています。

上新電機

東証プライム（8173）

3月・9月

利回り　総 217.99％　配 3.22％　優 214.77％

PER 10.1倍　1株配 75円
PBR 0.59倍　株価 2,328円

優待対象最低投資額 **2,328円**

優待条件
※株主優待券（200円券）（株式継続保有期間2年以上で追加贈呈）
●1株：25枚（9月）
●100株：11枚（3月）、25枚（9月）
●500株：60枚（3月）、25枚（9月）
●2,500株：120枚（3月）、25枚（9月）
●5,000株：180枚（3月）、25枚（9月）

株主優待券

●Joshin、Joshin webで利用可能な株主優待券（200円券）が1株保有から

マルクのお勧めPOINT

9月のみ、たった1株で 、家電製品や情報通信機器を扱うJoshin、Joshin webで使える5,000円分の割引券がもらえます。利回り200%超。使うときは2,000円ごとに200円の割引になります。

文教堂グループHD

東証スタンダード（9978）　2月・8月

利回り　総 ―　配 ―　優 ―

PER 30.8倍　1株配 0円
PBR 1.28倍　株価 36円

優待対象最低投資額 3,600円

優待条件
※優待買物割引カード（×年2回）
- 100株：5%割引
- 1,000株：7%割引
- 10,000株：10%割引

割引優待

●文教堂の店頭および株主専用通販サイトにおける商品購入時割引

MURAのお勧めPOINT

株価が安く1単元でも3,000円ほどと買い付しやすい同社の優待は、文教堂店舗で利用できる割引優待カード。割引率は5%と高くはないですが、通常値引きされにくい書籍に使えるため大量に購入する人には良優待。

テンアライド

東証スタンダード（8207）　3月・9月

利回り　総 6.55%　配 0.00%　優 6.55%

PER ―　1株配 0円
PBR ―　株価 305円

優待対象最低投資額 30,500円

優待条件
※グループ店舗で使える割引券（×年2回）
- 100株：1,000円相当
- 500株：5,000円相当
- 1,000株：10,000円相当
- 1,500株：15,000円相当

（1,500株以上は株式継続保有期間1年以上で3,000円相当を追加贈呈）

食事割引券

●同社グループの店舗で利用できる優待割引券

かすみちゃんのお勧めPOINT

「旬鮮酒場天狗」「和食れすとらん天狗」「テング酒場」「神田屋」「てんぐ大ホール」「ミートキッチンlog50」などで使える割引券。「テング酒場」は「お通し」がなくて、安くておいしいです。約3万円の投資で優待がもらえるのもお得ですね。

丸善CHI HD

東証スタンダード（3159）　7月

利回り　総 2.81%　配 0.89%　優 1.92%

PER 7.9倍　1株配 3円
PBR 0.65倍　株価 335円

優待対象最低投資額 33,500円

優待条件
※グループ店舗で使える商品券
- 100株：500円分
- 200株：1,000円分
- 500株：2,000円分
- 2,000株：3,000円分
- 3,000株：4,000円分
- 4,000株：5,000円分
- 5,000株：6,000円分

書籍の商品券

●100株以上で、全国の丸善、ジュンク堂書店の店舗で利用できる商品券

編集部のお勧めPOINT

全国の丸善、ジュンク堂書店の店舗で利用できる商品券。33,500円の投資で500円分の商品券がもらえます。書籍は基本、割引ができないので、古本でなく新品の書籍が安く買えるのはありがたいです。

厳選!!! 優待銘柄 240

ここまで84銘柄（マンガで6銘柄、投資家厳選の78銘柄）の
優待銘柄を紹介してきましたので、
さらに156の選りすぐり銘柄を加えて、計240の優待銘柄を紹介します。
ちなみに「240」という数字は、
NISA「成長投資枠」の年間限度額と同じ数字です。

表の見方

優待銘柄 ↓ ／ 優待内容 ↓

優待銘柄	権利確定月	優待対象最低投資額	優待内容
▶日清食品HD 東証プライム（2897）	3月・9月	420,000円	①自社グループ製品をグループオンラインストアで選択、②国連WFP協会に寄付

↑ 証券取引所・証券コード ／ ↑ 権利確定月

（2023年3月29日の株価を元に算出）

本書で紹介している株主優待の条件・内容は、2024年3月末時点のものです。優待の内容は変更される場合がありますので、最新の詳しい情報を知りたい方は企業の公式サイトでご確認ください

ファミリーで楽しめる優待 52銘柄

優待銘柄	権利確定月	優待対象最低投資額	優待内容
▶日清食品HD 東証プライム（2897）	3月・9月	420,000円	①自社グループ製品をグループオンラインストアで選択、②国連WFP協会に寄付
▶ワタミ 東証プライム（7522）	3月・9月	98,600円	国内ワタミグループ外食店舗全店で利用できる優待食事券
▶共和コーポレーション 東証スタンダード（6570）	3月	89,100円	自社アミューズメント施設の優待券、年間2,000円分（100株）

銘柄	権利確定月	優待対象最低投資額	優待内容
日本ハム 東証プライム(2282)	3月・9月	508,800円	①自社グループ商品(スポーツ観戦チケット含む)、②寄付のいずれかを選択
伊藤園 東証プライム(2593)	4月	371,300円	①自社製品詰め合せ、②自社通信販売製品を割引価格で
明治HD 東証プライム(2269)	3月	338,600円	自社グループ製品の詰め合わせ(100株で1,500円相当～)。寄付の選択も可
コア 東証プライム(2359)	3月	380,400円	「東京国立博物館」で使える会員制度への入会引換券ほか

とりでみなみの一言コメント

引き換えた博物館なら特別展が見られる無料券ももらえる。たとえ株で損しても癒されること間違いなし。

銘柄	権利確定月	優待対象最低投資額	優待内容
エディオン 東証プライム(2730)	3月	154,800円	自社グループ店舗およびエディオンネットショップで利用可能なギフトカード
グリーンランドリゾート 東証スタンダード(9656)	6月・12月	77,000円	「グリーンランド遊園地」のほか、グループ施設で使える無料入場券など
楽天グループ 東証プライム(4755)	12月	84,980円	楽天モバイル・データ通信用eSIM(月30GB)を100株で1年分
オーエムツーネットワーク 東証スタンダード(7614)	1月・7月	160,100円	自社オリジナルギフト商品の30%割引販売(100株以上)など

www9945の一言コメント

500株以上で3,000円相当のハム、ソーセージまたはアウトバックステーキ食事券。

銘柄	権利確定月	優待対象最低投資額	優待内容
丸大食品 東証プライム(2288)	9月	326,400円	高級ハムなど3,000円相当の自社商品。2021年度はロースハム「煌彩」
伊藤ハム米久HD 東証プライム(2296)	3月	802,000円	200株以上で5,000円相当の自社グループ商品(高級ハムなど)
ニッスイ 東証プライム(1332)	3月	480,050円	500株以上で自社商品の詰め合わせ。過去には水産加工品の缶詰など
大王製紙 東証プライム(3880)	3月	116,150円	自社商品の詰め合わせ。過去にはティッシュや除菌ウェットティッシュ等
三越伊勢丹HD 東証プライム(3099)	3月・9月	249,450円	「三越」など自社グループ店舗で使える10%割引カード(優待限度額あり)など

	権利確定月	優待対象最低投資額	
高島屋 東証プライム（8233）	2月・8月	244,150円	自社店舗で使える10％割引カード（優待限度額あり。100株で30万円まで）
エバラ食品工業 東証スタンダード（2819）	3月	289,100円	焼肉のたれ、鍋用スープなどの自社商品セット1,000株以上はQUOカードも
正栄食品工業 東証プライム（8079）	4月・10月	470,500円	自社商品（菓子類）の詰め合わせ。100株以上1セット×年2回

ようこりんの一言コメント
15点程入ったお菓子のセットが年2回どど〜んと届きます！金額を計算するとすごい利回りに！

	権利確定月	優待対象最低投資額	
KDDI 東証プライム（9433）	3月	448,200円	グルメカタログギフトまたは社会貢献活動団体への寄付
昭和産業 東証プライム（2004）	3月	350,000円	油や唐揚げ粉など自社家庭用商品詰め合わせ（100株で1,000円相当）
エステー 東証プライム（4951）	3月・9月	154,600円	自社商品（家庭用消臭芳香剤などの日用品）詰め合わせ。100株で1,000円相当
ミサワ 東証スタンダード（3169）	1月	63,000円	300株以上（100株以上は3年以上保有）で株主限定オリジナルバスキットギフトなど
ブックオフグループHD 東証プライム（9278）	5月	148,500円	グループ店舗で使える買物優待券または書籍買取金額20％アップクーポン
日清製粉グループ本社 東証プライム（2002）	3月	1,049,750円	①自社グループ製品、②世界自然保護基金（WWF）ジャパンへの寄付を選択
ニチバン 東証プライム（4218）	9月	198,400円	文房具など自社製品の詰め合わせ。100株（株式継続保有期間6カ月以上）から
西松屋チェーン 東証プライム（7545）	2月・8月	248,800円	「西松屋」で使える買物カード。株式継続保有期間3年以上で増額

マルクの一言コメント
年2回、保有株数に応じた優待金額を入金（チャージ）したプリペイドカード方式のお買物カード

	権利確定月	優待対象最低投資額	
近鉄百貨店 東証スタンダード（8244）	2月・8月	237,000円	近鉄百貨店で使える10％割引の買物優待カードなど
ダスキン 東証プライム（4665）	3月・9月	329,900円	「ミスタードーナツ」「モスド」などで使える優待利用割引券

カゴメ
東証プライム（2811）

権利確定月	優待対象最低投資額	
6月	368,000円	自社商品の詰め合わせ（2,000円相当～。株式継続保有期間6カ月以上）。

とりでみなみの一言コメント

「凛々子」の苗木が当たる抽選があり、一昨年初めて苗木をいただき、無事収穫できました。

ソニーグループ
東証プライム（6758）

権利確定月	優待対象最低投資額	
3月	1,298,500円	ソニーストアで使用できる自社商品の割引クーポン。AV商品15%割引など

ウェルネオシュガー
東証プライム（2117）

権利確定月	優待対象最低投資額	
3月	233,000円	100株で1,000円相当の自社製品（砂糖など）の詰め合わせ

ヤマウラ
東証プライム（1780）

権利確定月	優待対象最低投資額	
3月	145,200円	長野県特産の地場商品が選べる。過去にはお菓子や牛乳、とうふ、味噌など

www9945の一言コメント

信州産のいちごのあきひめやすずらんハウスの飲むヨーグルト&チーズセットが抽選で人気。後者は抜群に美味。

丸三証券
東証プライム（8613）

権利確定月	優待対象最低投資額	
3月	107,900円	100株以上で海苔詰め合わせ（1,000円相当）。1,000株以上は新米。

スタジオアリス
東証プライム（2305）

権利確定月	優待対象最低投資額	
8月	205,100円	「スタジオアリス」で利用できる「株主写真撮影券」。子どもでも利用可。

MURAの一言コメント

毎年子どものお祝い事を素敵な写真に残せる、家族向け優待です

学研HD
東証プライム（9470）

権利確定月	優待対象最低投資額	
9月	94,000円	指定ECサイトなどで利用できる優待ポイントなど。株式継続保有期間1年以上

ロート製薬
東証プライム（4527）

権利確定月	優待対象最低投資額	
3月	296,700円	自社製品詰め合せ、自社通販製品割引、「ココロートパーク」で使えるポイント

パン・パシフィック・インターナショナルHD
東証プライム（7532）

権利確定月	優待対象最低投資額	
6月・12月	404,300円	「ドン・キホーテ」などグループ店舗で使えるmajicaポイント（100株で2,000円相当）

とりでみなみの一言コメント

スマホアプリが必要ですが割引券ではなく2000円分の金券として使えるのが良いです。

富士フイルムHD
東証プライム（4901）

権利確定月	優待対象最低投資額	
3月・9月	337,000円	自社グループヘルスケア商品の優待割引販売。100株以上で、要申し込み。

MonotaRO
東証プライム（3064）

権利確定月	優待対象最低投資額	
12月	181,750円	自社プライベートブランド用品（DIYなど）。100株で株式継続保有期間6カ月以上。

CDG
東証スタンダード（2487）

権利確定月 **6月**

優待対象最低投資額 **125,100円**

100株で保有期間に応じてQUOカード、ボックスティッシュ（エリエール 贅沢保湿）など

ジョイフル本田
東証プライム（3191）

権利確定月 **6月**

優待対象最低投資額 **219,100円**

グループ店舗で使える買物割引券または茨城県特産品。寄付もあり

エア・ウォーター
東証プライム（4088）

権利確定月 **3月**

優待対象最低投資額 **239,500円**

自社グループ製品（フルーツバーセット）かカタログギフト

ソフィアHD
東証スタンダード（6942）

権利確定月 **3月・9月**

優待対象最低投資額 **115,100円**

「キル フェ ボン」で使えるギフトカード、加工食品、NMN健康食品など

ようこりんの一言コメント

フルーツいっぱいのタルトは、大人気!!
それが優待で食べれるなんて素敵ですね!

フランスベッドHD
東証プライム（7840）

権利確定月 **3月**

優待対象最低投資額 **257,600円**

自社グループ商品、優待専用サイト利用券、羽毛布団リフォーム利用券など

アダストリア
東証プライム（2685）

権利確定月 **2月**

優待対象最低投資額 **385,500円**

アダストリアグループ店舗で利用可能な株主優待券（商品引換券）

マルクの一言コメント

グローバルワークなどで使えるチケットが100株で3,000円分。子供服から大人までコスパ良い商品が揃っています。

萩原工業
東証プライム（7856）

権利確定月 **10月**

優待対象最低投資額 **166,200円**

株数、継続保有期間に応じてQUOカード、岡山県特産品などから選択

ニップン
東証プライム（2001）

権利確定月 **3月・9月**

優待対象最低投資額 **237,200円**

100株以上で「ニップンの健康食品シリーズ優待販売」ほか

大宝運輸
名証メイン（9040）

権利確定月 **9月**

優待対象最低投資額 **370,000円**

100株で3,000円相当の洗剤セット。過去には衣類用・食器用洗剤も

とりでみなみの一言コメント

ライオンの「トップ スーパー NANOX」セットが送られてくるので洗剤は数年買っていません。

理研ビタミン
東証プライム（4526）

権利確定月 **3月・9月**

優待対象最低投資額 **257,800円**

わかめスープ、ドレッシングなど自社製品の詰め合わせ

アース製薬
東証プライム（4985）

権利確定月 **6月・12月**

優待対象最低投資額 **431,500円**

自社グループ製品の詰め合わせ。年2回で、消臭剤・虫ケア用品など内容が変わる

とりでみなみの一言コメント

年2回の優待は新製品を試す良い機会にも。
バスクリンの「きき湯」にハマりました。

銘柄	権利確定月	優待対象最低投資額	優待内容
旭松食品 東証スタンダード（2911）	3月・9月	230,300円	100株で1,500円相当の自社商品の詰め合わせなど

グルメを満喫できる優待 17銘柄

銘柄	権利確定月	優待対象最低投資額	優待内容
ゼンショーHD 東証プライム（7550）	3月・9月	644,000円	「すき家」や「なか卯」「ココス」などグループ店舗で使える優待食事券
松屋フーズHD 東証プライム（9887）	3月	568,000円	グループ店舗で使える食事券。100株（保有期間1年以上）で10枚、1枚でメニュー1品注文できる
物語コーポレーション 東証プライム（3097）	6月・12月	469,500円	「焼肉きんぐ」などグループ店舗で使える食事割引券。100株で3,500円相当

マルクの一言コメント
大人気!「焼肉きんぐ」の3500円分食事券。株式分割をしたが株主優待は据え置きでオトク感あり。

銘柄	権利確定月	優待対象最低投資額	優待内容
DDグループ 東証プライム（3073）	2月	131,4000円	株主優待券もしくは、お米（600株以上保有）のいずれか1つの優待品を選択

MURAの一言コメント
グループ店舗で使える食事券は、さまざまなジャンルの店舗があり、額面も6,000円分で外食グルメを満喫できます。

銘柄	権利確定月	優待対象最低投資額	優待内容
サンマルクHD 東証プライム（3395）	3月	217,200円	「サンマルクカフェ」など自社店舗で使える10〜20%割引優待カード
日本KFC HD 東証スタンダード（9873）	3月・9月	449,500円	自社店舗で使える食事割引券。100株で500円相当の券が年2回もらえる
力の源HD 東証プライム（3561）	3月・9月	162,000円	100株（保有期間1年以上）で「一風堂」などで使える優待券がもらえる
あみやき亭 東証プライム（2753）	3月	540,000円	グループ店舗で使える株主優待券。300株以上は「お米引換券」も選択できる

www9945の一言コメント
100株で4,000円分の無料優待券。新業態「感動の肉と米」が熱い!　900円で本格的なハンバーグ定食が出てくる。さすが焼き肉屋!　卵1個無料とそぼろ、キムチ、おしんこ、味噌汁も取り放題です。

銘柄	権利確定月	優待対象最低投資額	優待内容
東京會舘 東証スタンダード(9701)	3月・9月	413,000円	優待券1枚で1回、フランス料理店などの株主専用コース料理が食べられる

とりでみなみの一言コメント
東京會舘は100年以上の歴史を持つ式場や宴会場の名門。優待で優雅な食事を満喫してみてはいかが？

銘柄	権利確定月	優待対象最低投資額	優待内容
ドトール・日レスHD 東証プライム(3087)	2月	208,000円	「ドトールコーヒーショップ」などで使えるドトールバリューカード
SFP HD 東証プライム(3198)	2月・8月	195,300円	「磯丸水産」「鳥良商店」などグループ店舗で使える食事割引券
カッパ・クリエイト 東証プライム(7421)	3月・9月	162,000円	優待カードにポイントを貯め、回転寿司店「かっぱ寿司」などで利用できる
大戸屋HD 東証スタンダード(2705)	3月・9月	521,000円	「大戸屋」などで使える優待ポイントカード。100株で4,000円相当
吉野家HD 東証プライム(9861)	2月・8月	340,600円	「吉野家」ほかグループ店舗で使える食事割引券、自社商品詰め合わせなど

マルクの一言コメント
200株で5,000円の食事券がもらえる。食事券の代わりに牛丼などの冷凍食品詰め合わせにすることも可能

銘柄	権利確定月	優待対象最低投資額	優待内容
串カツ田中HD 東証スタンダード(3547)	11月	172,300円	「串カツ田中」など自社店舗で使える電子チケット。100株で年間2,000円相当
ブロンコビリー 東証プライム(3091)	6月・12月	374,000円	自社店舗で使える食事優待券。200株以上はお米（新潟県魚沼産コシヒカリ）も選べる
モスフードサービス 東証プライム(8153)	3月・9月	342,500円	「モスバーガー」などで使える食事優待券。100株で1,000円相当が年2回

いろいろ選べる優待 12銘柄

銘柄	権利確定月	優待対象最低投資額	優待内容
東海カーボン 東証プライム(5301)	12月	99,670円	カタログの中から好きな商品を選択。100株、1年以上保有で2,000円相当
RIZAPグループ 札証アンビシャス(2928)	3月	41,800円	優待買物割引券は400株以上。100株以上で「chocoZAP」の半額、200株以上で無料券も

大和証券グループ本社
東証プライム（8601）

権利確定月	優待対象最低投資額	
3月・9月	1,151,000円	1,000株以上の保有で、名産品、雑貨、『会社四季報』などから選択

とりでみなみの一言コメント

過去32回も実施している名物優待。カタログギフトで内容が充実しすぎて選択肢に困るのが難点かも

ゆうちょ銀行
東証プライム（7182）

権利確定月	優待対象最低投資額	
3月	813,000円	500株以上で3,000円相当のコースから商品を選択

サツドラHD
東証スタンダード（3544）

権利確定月	優待対象最低投資額	
5月	89,600円	カタログギフトは300株以上で、北海道の名産品（1,500円相当）

とりでみなみの一言コメント

300株からカタログから北海道名産品が選べるので、300株は欲しいところです

新晃工業
東証プライム（6458）

権利確定月	優待対象最低投資額	
3月	387,000円	1,000株（保有期間1年以上）で5,000円相当のカタログギフト。100株以上は図書カード

東海東京フィナンシャルHD
東証プライム（8616）

権利確定月	優待対象最低投資額	
3月	60,900円	1,000株以上で地域の名産品などのカタログギフト。100株でQUOカードも

ヒューリック
東証プライム（3003）

権利確定月	優待対象最低投資額	
12月	471,450円	300株で3,000円相当のカタログギフト。過去には青果、精肉なども

MURAの一言コメント

老舗の味から流行のブランド、地域名産品まで、グルメ商品特化かつ品目数が多いカタログギフト優待

ウエルシアHD
東証プライム（3141）

権利確定月	優待対象最低投資額	
2月	256,450円	100株でカタログギフトのほか買物券（共に3,000円相当）などを選べる

アートグリーン
名証ネクスト（3419）

権利確定月	優待対象最低投資額	
10月	182,100円	100株でミディ胡蝶蘭（普通の胡蝶蘭より花が大きい品種）1鉢がもらえる

MURAの一言コメント

お祝いの贈答品として喜ばれる胡蝶蘭は、送り先、届ける時期も自由に設定でき、気の利いたギフトとして使える。

サカタのタネ
東証プライム（1377）

権利確定月	優待対象最低投資額	
5月	373,000円	3コースの中から選択。100株（継続保有期間1年以上）はAコースで球根やお米など

イオンモール
東証プライム（8905）

権利確定月	優待対象最低投資額	
2月	179,200円	イオンギフトカード、カタログギフト（100株で3,000円相当から）など

旅行を楽しむ優待 14銘柄

	権利確定月	優待対象最低投資額	
日本航空 東証プライム(9201)	3月・9月	291,750円	国内線50%割引の割引券や、国内外のツアー旅行などに使える優待割引券ほか
ANA HD 東証プライム(9202)	3月・9月	321,000円	100株以上で優待割引運賃が利用できる「株主優待番号の案内書」ほか
帝国ホテル 東証スタンダード(9708)	3月	98,200円	グループ施設で使えるホテル利用券(100株で1,000円相当)など
藤田観光 東証プライム(9722)	6月・12月	739,000円	「ホテル椿山荘東京」など宿泊施設の割引優待券+日帰り施設無料利用券など
ロイヤルホテル 東証スタンダード(9713)	3月・9月	113,700円	宿泊優待券(15%割引)、飲食優待券(20%割引)、婚礼優待券(8%割引)の組み合わせ
伊豆シャボテンリゾート 東証スタンダード(6819)	3月	88,400円	「伊豆シャボテン動物公園」などの招待券、リゾート内ホテルの宿泊券など
阪急阪神HD 東証プライム(9042)	3月・9月	439,800円	阪神電車全線・阪急電車全線で使える乗車カード、乗車証(定期券)など
西武HD 東証プライム(9024)	3月・9月	242,250円	株数に応じて西武鉄道・西武バスの乗車券や、西武ライオンズ戦の内野指定席引換券など
京浜急行電鉄 東証プライム(9006)	3月・9月	139,300円	株数に応じて電車・バスの全線切符、パス(定期券)や、系列ホテルの宿泊券など
近鉄グループHD 東証プライム(9041)	3月・9月	445,200円	全線で使える優待乗車券、「あべのハルカス」などで使える優待利用割引券も
南海電気鉄道 東証プライム(9044)	3月・9月	319,100円	乗車カードのほか、自社グループの施設で利用可能なチケット
飯田グループHD 東証プライム(3291)	3月	199,350円	「江の島アイランドスパ」の無料利用券、1,000株以上はグループ施設で使える優待券など
商船三井 東証プライム(9104)	3月・9月	461,000円	「にっぽん丸」のクルーズに使える10%割引の優待乗船券、フェリー割引券など

日本郵船
東証プライム(9101)

権利確定月	優待対象最低投資額	
3月	407,300円	「飛鳥クルーズ」に使える10%割引の優待乗船券。100株で3枚から

エンタメを楽しむ優待 17銘柄

富士急行
東証プライム(9010)

権利確定月	優待対象最低投資額	
3月・9月	395,000円	富士急ハイランドなどで利用できる、電車・バス・観光施設共通優待券など

日本テレビHD
東証プライム(9404)

権利確定月	優待対象最低投資額	
-	298,800円	株主優待情報なし

www9945の一言コメント
100株以上でHulu1カ月分視聴無料の隠れ優待あり。コンテンツ10万本ある。

コーエーテクモHD
東証プライム(3635)

権利確定月	優待対象最低投資額	
3月	162,000円	同社が選定した「新作」商品、「発売済」商品の割引販売

まんだらけ
東証スタンダード(2652)

権利確定月	優待対象最低投資額	
3月・9月	279,400円	「まんだらけ」の店舗で使える優待券、隔月刊誌『まんだらけZENBU』の優待価格販売

TORICO
東証グロース(7138)

権利確定月	優待対象最低投資額	
3月	100,100円	インターネット書店「漫画全巻ドットコム」で使える優待ポイント券

東宝
東証プライム(9602)

権利確定月	優待対象最低投資額	
2月・8月	494,800円	100株以上で映画招待券、10,000株で演劇招待券(S席相当)も

www9945の一言コメント
ホラー好きなので、TOHOシネマズで100株年間2回、無料で鑑賞。都心不動産の抜群な安定性と、当たり外れの多い映画で経営バランスを取り、月足チャートは基本右肩上がり。営業利益率10%後半と高い。

日本駐車場開発
東証プライム(2353)

権利確定月	優待対象最低投資額	
1月・7月	103,500円	500株から自社グループ駐車場やスキー場リフトの利用割引券など

アミューズ
東証プライム(4301)

権利確定月	優待対象最低投資額	
3月	152,700円	体験型アドベンチャー「ナイトウォーク」のペア入場券など自社関連事業への招待

東京都競馬
東証プライム(9672)

権利確定月	優待対象最低投資額	
12月	446,500円	「大井競馬場」の株主優待証や「東京サマーランド」の招待券など

銘柄	権利確定月	優待対象最低投資額	優待内容
ホンダ 東証プライム（7267）	3月	189,100円	自動車レースや、体験型イベント「Enjoy Honda」への招待（いずれも抽選）など
KADOKAWA 東証プライム（9468）	3月	265,200円	100株以上、継続保有期間1年以上で1ポイント100円相当の株主優待ポイント

MURAの一言コメント

ポイント内で同社商品を選べるカタログ優待。書籍のラインナップが絵本、漫画、小説、レシピ本まで幅広いこと、映画館鑑賞ギフト券が全国映画館でどんな映画でも見られることからエンタメ好きに人気です。

銘柄	権利確定月	優待対象最低投資額	優待内容
エイベックス 東証プライム（7860）	3月	128,000円	夏の野外ライブ「a-nation」などのチケット優先予約権と割引販売
ヤマハ発動機 東証プライム（7272）	6月・12月	142,350円	優待ポイントで「ジュビロ磐田」のJリーグ観戦ペアチケットなど

MURAの一言コメント

会社所在各地名産品から選べる優待ももらえ、長期保有で優待が増えるのも新NISAと合っています

銘柄	権利確定月	優待対象最低投資額	優待内容
スバル興業 東証スタンダード（9632）	1月	1,342,000円	映画鑑賞だけでなく、グッズ購入にも使える「TOHOシネマズ」ギフトカード（500株以上）
歌舞伎座 東証スタンダード（9661）	2月・8月	702,750円	歌舞伎座招待券など。優待がもらえるのは150株から。
常磐興産 東証スタンダード（9675）	3月・9月	123,300円	福島県いわき市にある「スパリゾートハワイアンズ」優待入場無料券など
御園座 名証メイン（9664）	3月	186,200円	「株主優待対象公演」の観覧券と交換できる優待券など

美容と健康で自分を磨く優待 11銘柄

銘柄	権利確定月	優待対象最低投資額	優待内容
ヤーマン 東証プライム（6630）	4月	100,500円	「ヤーマンオンラインストア」のほか、グループ店舗で使える買物割引券

かすみちゃんの一言コメント

オンリーミネラルファンデーションは、肌に優しくしっかりカバーしてくれるのでお気に入りです。

新日本製薬
東証プライム（4931）

権利確定月 9月

優待対象最低投資額 168,900円

100株で「パーフェクトワン」モイスチャージェル（4,000円相当）など自社製品ほか

シーボン
東証スタンダード（4926）

権利確定月 3月

優待対象最低投資額 146,500円

100株・株式継続保有期間1年以上で8,000円相当の自社化粧品セット

ヤマノHD
東証スタンダード（7571）

権利確定月 3月

優待対象最低投資額 69,000円

1,000株以上で「ヤマノ」のほか、グループ店舗で使える割引券

ミルボン
東証プライム（4919）

権利確定月 12月

優待対象最低投資額 317,600円

自社製品の優待品などと交換または寄付ができる株主優待ポイント

エム・エイチ・グループ
東証スタンダード（9439）

権利確定月 6月

優待対象最低投資額 21,200円

オンラインストア「MHG-WEB STORE」で使える株主優待券

インタートレード
東証スタンダード（3747）

権利確定月 9月

優待対象最低投資額 44,000円

「ビューティーグルカン」で使える1枚2,000円相当（×6）の買物割引クーポンなど

資生堂
東証プライム（4911）

権利確定月 12月

優待対象最低投資額 409,300円

自社グループ製品（「専科」「アクアレーベル」など）をカタログから選択

コーセー
東証プライム（4922）

権利確定月 12月

優待対象最低投資額 796,900円

100株で4,000～6,000円の自社化粧品（選択式）

ゼリア新薬工業
東証プライム（4559）

権利確定月 3月・9月

優待対象最低投資額 213,200円

100株以上で「ヘパリーゼW」、1,000株以上で「IONA ベーシックスキンケア」3点セットなど

ハーバー研究所
東証スタンダード（4925）

権利確定月 3月・9月

優待対象最低投資額 207,700円

自社商品の購入に使える割引券。人気商品「スクワワン（美容オイル）」も対象

スポーツを楽しむ優待 12銘柄

ゼビオHD
東証プライム（8281）

権利確定月 3月・9月

優待対象最低投資額 99,000円

スポーツ用品専門店「スーパースポーツゼビオ」などで使える買物割引券

www9945の一言コメント

100株で10%割引券4枚、20%割引券1枚。アシックスのスニーカーを3足購入。品数が多くていいですが、大型郊外店が多く固定費が高いです。PBR0.3倍台で低迷しており、増配と自社株買いが必要そうです。

銘柄	権利確定月	優待対象最低投資額	優待内容
ヒマラヤ 東証スタンダード（7514）	2月・8月	91,900円	「ヒマラヤスポーツ」などグループ店舗で使えるポイント。100株で1,000円相当
ゴルフダイジェスト・オンライン 東証プライム（3319）	6月・12月	63,500円	ゴルフショップや、GDOゴルフ場予約に使えるクーポン券。100株で各1,000円相当
ヨネックス 東証スタンダード（7906）	3月	446,400円	公式オンラインショップで利用できる優待買物割引クーポン（400株以上から）
ラウンドワン 東証プライム（4680）	3月・6月・9月・12月	78,700円	ボウリング、スポッチャなど、ラウンドワン関連施設で利用できる各種優待券

MURAの一言コメント

ラウンドワン関連施設で使える割引券。年4回（枚）もらえて1人1枚ずつ利用できるため、ボウリング場やスポッチャにて複数人で体を動かすことも。健康ボウリング教室優待券は公式にが認められています。

銘柄	権利確定月	優待対象最低投資額	優待内容
ミズノ 東証プライム（8022）	3月・9月	636,000円	ミズノ公式オンラインや店舗で使える20%割引の買物券など
藤倉コンポジット 東証プライム（5121）	3月・9月	144,100円	アウトドア用品、ゴルフ用品を優待価格で購入できるカタログ、割引券など
大成建設 東証プライム（1801）	3月	562,000円	軽井沢高原ゴルフ倶楽部で利用できる優待クーポン券
平和 東証プライム（6412）	3月・9月	401,200円	200 株以上で同社グループが運営する全国のゴルフ場で利用できる優待券

かすみちゃんの一言コメント

200株から自社運営のゴルフ場の優待券がもらえて、最大800株で8,000円分もらえます。カートの無料券も付いているので、ゴルフが好きで、近くにゴルフ場がある方にはお勧めです。

銘柄	権利確定月	優待対象最低投資額	優待内容
ティムコ 東証スタンダード（7501）	11月	79,500円	自社のアウトドアブランド「Foxfire Store」で使える優待買物割引券
トーシンHD 東証スタンダード（9444）	4月・10月	72,000円	「ゴルファーズサロン ゴルフリークス」などグループ店舗で使える割引券
東祥 東証スタンダード（8920）	3月	74,000円	スポーツクラブやゴルフ場利用料が無料になる優待券など

ファッションにこだわる優待 9銘柄

銘柄	権利確定月	優待対象最低投資額	優待内容
ワコールHD 東証プライム(3591)	3月・9月	371,400円	自社商品の20%優待割引販売。500株以上で自社商品券「ワコールエッセンスチェック」も
AOKI HD 東証プライム(8214)	3月・9月	114,800円	スーツのAOKIなど同社グループ店舗で使える買物や披露宴の割引券
東京ソワール 東証スタンダード(8040)	6月・12月	87,800円	「formforma」など、同社オンラインショップの割引クーポン
リーガルコーポレーション 東証スタンダード(7938)	3月	225,000円	「リーガルシューズ」など同社が運営する小売店舗で使える株主優待券
ライトオン 東証スタンダード(7445)	8月	42,600円	「ライトオン」などグループ店舗で使える1枚1,000円相当の買物割引券を株数に応じて
NEW ART HD 東証スタンダード(7638)	3月・9月	1,702円	株主名簿に記載された株主にグループ店舗で使える買物割引カード
しまむら 東証プライム(8227)	2月	866,500円	「しまむら」などグループ店舗で使える2,000円相当の買物割引券
TOKYO BASE 東証プライム(3415)	1月	30,800円	「STUDIOUS」などグループ店舗で使える10%割引の買物券
アキレス 東証プライム(5142)	3月・9月	154,300円	各種シューズなど、同社で選定した商品をカタログ、WEBから優待価格で購入できる

限定品がもらえる優待 7銘柄

銘柄	権利確定月	優待対象最低投資額	優待内容
パイロットコーポレーション 東証プライム(7846)	12月	398,000円	実用筆記具セットなど。株主限定仕様の高級筆記具は1,000株から
ハピネス・アンド・デイ 東証スタンダード(3174)	2月・8月	86,800円	2024年2月末の株主にはネックレスや牛本革の眼鏡ケースなど。買い物優待券も

銘柄	権利確定月	優待対象最低投資額	優待内容
TBS HD 東証プライム(9401)	3月	435,900円	100株以上で新人アナウンサー写真入りQUOカードなど
サッポロHD 東証プライム(2501)	12月	603,100円	株式継続保有期間3年以上で、株主限定の「サッポロ セレクション」が含まれたビールセット
河合楽器製作所 東証プライム(7952)	3月・9月	359,500円	自社主催イベントへ(カワイコンサートなどを予定)の招待(抽選式)
いなげや 東証プライム(8182)	3月・9月	140,900円	買物優待券など。1,000株以上、3年以上の継続保有でオリジナル優待品
フェスタリアホールディングス 東証スタンダード(2736)	8月	149,300円	100株以上で自社オリジナルジュエリー

身近で安く手に入る優待 5銘柄

銘柄	権利確定月	優待対象最低投資額	優待内容
ゴルフ・ドゥ 名証ネクスト(3032)	3月・9月	37,000円	「ゴルフ・ドゥ!」の直営店舗などで使える20%割引の買物割引券など
進学会HD 東証スタンダード(9760)	3月	25,900円	QUOカード+自社運営の学習塾やスポーツクラブで使える利用割引券
ネクスグループ 東証スタンダード(6634)	5月・11月	16,000円	自社提携温泉旅館の優待宿泊割引券+グループ会社手配の旅行費用の割引
トラスト 東証スタンダード(3347)	3月・9月	31,800円	自社グループ会社レンタカーで使える優待利用割引券(10~20%割引)
日本ケミファ 東証スタンダード(4539)	3月・9月	1,649円	「1株」で、優待割引セールの実施。ヘルスケア商品が割引販売価格で買える

これだけは押さえておきたい優待投資用語

PER（株価収益率）と PBR（株価純資産倍率）

$$\text{PER（倍）} = \frac{\text{株価}}{\text{EPS}}$$

（1株当たり純利益）

$$\text{PBR（倍）} = \frac{\text{株価}}{\text{BPS}}$$

（1株当たり純資産）

1株当たりの純利益（EPS）に対して株価が何倍なのかを示す指標です。業種にもよりますが、15 倍くらいが標準と言われています。企業の将来の成長期待が大きいと、今後も株価が上昇するのではないかという期待感から、株価が高くても買う投資家が出てくるため、PER は高くなります。

1株当たりの純資産（BPS）に対して株価が何倍かを示す指標です。業種にもよりますが、一般的には1倍が標準とされ、PBR が1倍以下の企業は割安（＝これから株価が上がるチャンスがある）と言われていますが、業種や経済状況によっては高い PBR でも成長性が期待できる場合があります。

優待クロス取引

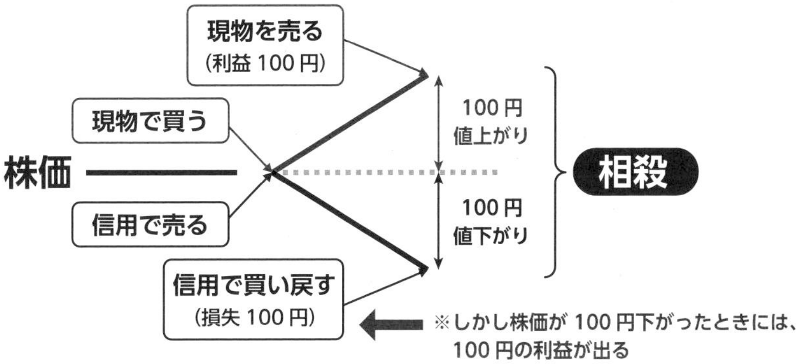

優待クロス取引（以下、優待クロス）とは、優待株を買うとき、同時に同じ銘柄・同じ株数で「信用売り」の注文を出すことです。権利付き最終日が過ぎると、株価が値下がりする傾向があります。それは優待の権利を得たら、さっさと株を売ってしまう投資家も多いからです。その場合、優待権利を得た後もいつまでもその株を持っていると、株価がどんどん値下がりして損をしてしまいます。そこで、株価が下がったときに利益の出る「信用売り」の注文を一緒に出しておきます。そうすれば、たとえば株価が100円下がったとき100円の損失ですが、信用売りでは100円の利益が出ますので、利益と損失が相殺されます。つまり、優待の権利を得て、なおかつ損失も出さないというセーフティーネットになっているわけです。

信用売り

「カラ売り」とも言います。証券会社から株を借りてある値段で売り、株価が下がったところで安い株価で買い戻すので、その売買の差額が利益になります。上級者向けのテクニックなので、初心者は安易にやらないほうがいいでしょう。

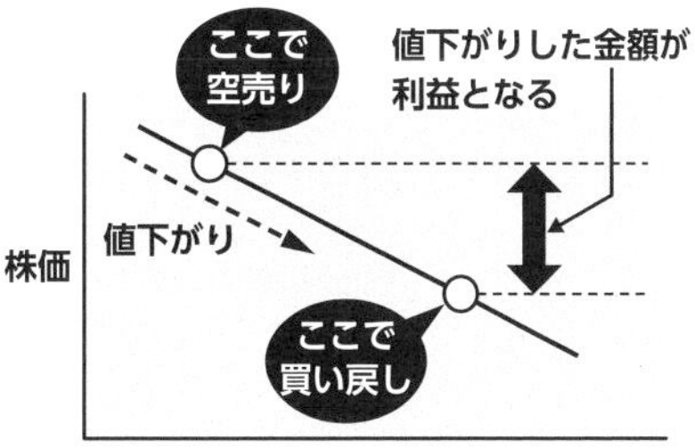

編集／宮下雅子
表紙デザイン／渡邊民人
本文デザイン・DTP／鈴木貴之　ad-crew
編集協力／高水茂

まんがと図解でわかる
新NISAで得する優待株240

2024年5月29日　第1刷発行

著者
上野広治／www9945／かすみちゃん／とりでみなみ／マルク
ようこりん／MURA
まんが
nev

発行人
関川誠

発行所
株式会社 宝島社
〒102-8388 東京都千代田区一番町25番地
電話:03-3234-4621（営業）／ 03-3239-0646（編集）
https://tkj.jp

印刷・製本　中央精版印刷株式会社

ISBN 978-4-299-05375-6

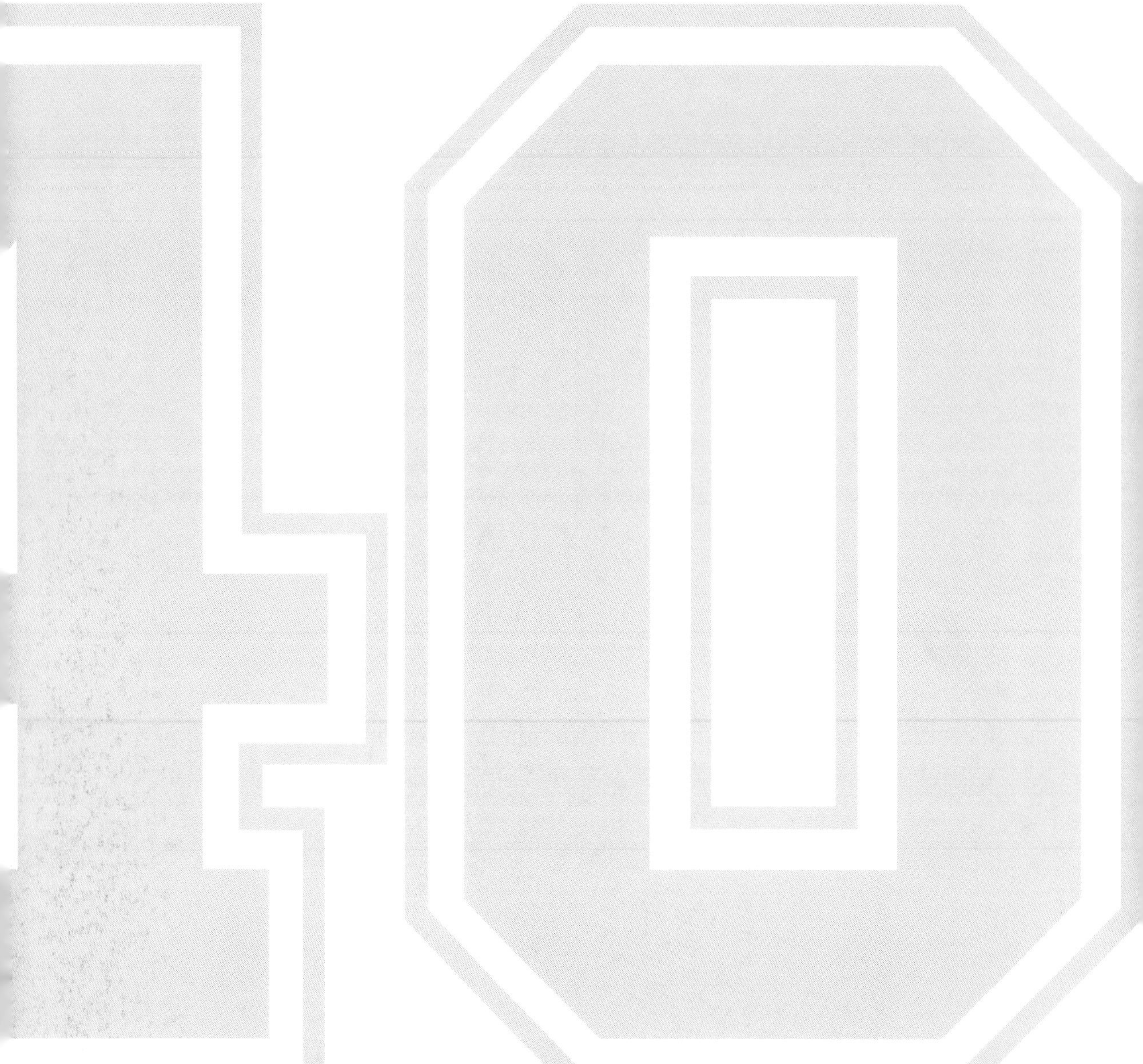
40